Thomas Stys

Mein Leben im Fettnapf

aus der Reihe
Aphorismen, Afforeien,
blöde Lieder, blöde Laien
Band II

3. Auflage

Verlegt bei:

thomaralex, 2000

und spät erst wiedergefunden

Wie es Euch gefällt:

- Mit einer Geschichte von einem alten Bettvorleger,
- aufrüttelnd, für einen noch tieferen Schlaf kämpfend,
- das große Sachbuch der Physiopsychie...,
- kaum auszumachen...,
- die Wirkung einer Spinatkur beschreibend,
- auf das jedem Calauer derselbe erspart bleibt,
- ein Buch mit positiven und negativen Seiten,
- mehr Färse für weniger Geld, wie sich's der Verbraucher wünscht,
- mit einigen überflüssigen Zusätzen,
- lesbar auch von nonkonzentrischen Greisen,
- nicht nur geruchlos, auf vielfachen Wunsch auch geschmacklos,
- vielleicht auch für die Forschung von Interesse

Stys, Thomas: Mein Leben im Fettnapf. - 3. überarb. u. erg. Aufl. / Thomas Stys. - thomaralex, 2000. - 188 S. (Aphorismen, Afforeien, blöde Lieder, blöde Laien; Band II)
ISBN 3-8311-0943-5

Herstellung: Libri Books on Demand

3. überarbeitet und ergänzte Auflage

Alles Echte vorenthalten.

Exklusive Ausgabe nur bei Stys

Copyright by Thomas Stys, 1996, 1998, 2000

Umschlagestaltung: thomaralex 2000

Garamond 12 pt

Einige Notwendige Bemerkungen zu „Mein Leben im Fettnapf"

Nachdem bereits der erste Band der Reihe "Afforismen, Afforeien, Blöde Lieder, Blödes Laien" unter dem Titel "Seitenhiebe, Nebentriebe, Blödeleien und etwas Liebe" für Furore gesorgt hat, überrascht uns der Dichter mit einem weiteren Computer-Epochalen Werk in kurzer Folge, zu dem es einige einführende Bewegungen zu machen gilt.

Erneut aufgefordert vom Gutachterausschuß - wobei ich mich frage, wenn's Ausschuß ist, wieso machen die dann Gutachten, sind wir hier vor Gericht oder was(?) - ein weit anspruchsvolleres Vorwort als zum ersten Band zu schreiben, ohne das alte allzusehr zu verändern, aber es auch nicht völlig unverändert zu belassen, verbinde ich beides, insofern, als ich zum ersten festgestellt zu haben wissen möchte, daß dieser zweite Band nunmehr zum zweiten Male mit den entscheidenden Teilen seines Inhalts erscheint und zugleich zum zweiten mit einem beträchlichen Umfang auch mit einem wissenschaftlich geprägten Teil seines Inhalts erstmals erscheint, zum zweiten an wichtigen Stellen mit wahren Kunstwerken der darstellenden Kunst versehen, also einerseits künstlerisch erweitert und andererseits wissenschaftlich mehr oder weniger untermauert, seinen Leser ereilen wird, zum weiteren aber, daß auch, nicht wie in der real existierenden inzwischen dritten Auflage des ersten Bandes, sondern im allgemeinen verständlicher, mit ausschließlich Selbstgemachten angereichert, gedruckt, worüber nicht zu jammern, sondern sich zu freuen, jedem Weisen leicht wird, worden ist, wenn man auch meinen könnte, man hätte einiges aus der ersten Auflage des zweiten Bandes bereits in der zweiten Auflage des ersten Bandes oder auch anderswo gehört oder gesehen, was weder kontrolierbar noch beabsichtigt zu sein, sich der Autor auserbittet.

Doch anders als dort, nämlich in jenem ersten Band, erscheinen uns, den vom Autor offenbar geliebten Lesern, einige der eingängigsten Texte wie eine Weissagung des Mirakoli vom Delphinarium.

Und richtig, eine Anleihe bei der griechenden Mistolologie ist nicht zu verleugnen, ohne dass der Autor aber aufdringlich und vordergründig in Polehmig zu verfallen in Gefahr geräte.

Die Texte an sich sind neu und schön, wenn man auch sagen muß, daß die neuen Texte nicht immer schön und die schönen Texte nicht immer neu sind.

Die Gutachter danken vor allem aber den nicht beteiligten Verlagen für ihre Unschuld an der Entstehung dieses bezaubernden Werkes.

So wäre das vorliegende Werk eines unter den wenigen Gedichtbänden, die ein guter Filmemacher komplett als abendfüllendes Filmchen zu gestalten in der Lage sich fühlen sollte, wenn es denn gute Filmemacher gäbe, oder das, um Multimediasequenzen ergänzt, eine kaberettistische Meisterleistung zu sein könnte, wenn dies nicht so unendlich viel Arbeit wäre. Auf die Erotika könnte man, sollte man dann dabei aber nicht verzichten.

Lassen wir ihm seine Fehler, er hat sie sich redlich verdient.

Thide Nedak
Institut für Paraidiotische Phänomene
und phänomenale Paranoika

Aus dem Inhalt:

Kein Wort zur Rentendebatte.

Aphorismen (verschiedentlich anzutreffend).

Afforeien (wieso auch nicht).

Blöde Lieder (so von Autofahrern und Gabelzinken).

Blöde Laien (jahrelang selbst geübt).

Neues vom Junker Stips (dem mit der rauchigen Gestalt)
über seine Abenteuer mit Monika und Gunilla.

Das ultimative und das ultimativere Weihnachtsgedicht.

Fettnäpfe (nicht vordergründig, aber doch sichtbar).

Und endlich: „Wer war Dieter?" oder „Der war's wieder?..."
oder „War was wieder?" und „Ist es denn nicht immer so...?"

Ein Taschenrechner besonderer Güte, gratis, natürlich auch
für Politiker, die sich in die eigenen Taschen rechnen wollen.

Verhunzte Verse jede Menge.

Ein bis zwei Trinklieder.

Ein Vorrat an Refrains zum Basteln.

Ein „Beinahe-Drama" inclusive.

„Wir klären das auf!", versprachen uns einst die Klärwerke,
doch da nichts daraus wurde, klärt unser neues Werk endlich
alles selbst auf: ... in einem Quiz der Marke „Non plus ultra".

Viel zu früh.

Gebrauchsanleitung

Ganz vorn steht der Beginn,
am Schluß, da steht das Ende,
und einmal, mittendrin,
da steht auch was zur Wende,
und zwischendurch manch Vers,
ich glaube fast, das wär's.

Zunächst erklingt Dein helles Lachen,
dann schwindet's Dir in Richtung Rachen
und kurz darauf bleibt's Dir im Halse stecken.
Das ist Satire. Nur nicht erschrecken!
Denk' drüber nach: Du findest Dich wieder,
in Aphorismen, Afforeien, in der Schar blöder Laien,
na, nun sing' blöde Lieder ...

'Tschuld'schen se bitte

In den schönsten von diesen Werken,
das werdet Ihr beizeiten merken,
ist halt das Versmaß mir entschwunden.
Und auch in diesem hab ich es leider
nicht wiedergefunden.
Der Rhythmus stimmt äh'md auch nicht immer.
Das liegt am Sächsisch. Nischt' ist schlimmer.

Genau

Nur wer die einfachen Dinge des Lebens genauer
betrachtet, lernt, das Außergewöhnliche vom Gewöhnlichen
zu unterscheiden.

Zeus, nach einem Mißerfolg...

Übrigens könnte es auch ein Irrtum sein, zu glauben,
der schönste Platz Europas wäre zwischen Deinen Beinen...

Zusatz: Wer oder was ist schon Europa?

Tip

Wenn Du schon in jeden Fettnapf trittst, achte
wenigstens darauf, daß Deine Füße gewaschen sind....

Üble Gerüch(t)e

Nur wer die Nase in den Wind steckt,
erfährt, wie Pfürze riechen.

Das Menschen mögliche

Wenn einer verspricht, er würde das Menschenmögliche für
Dich tun, kann es auch sein, er will Dich nur ein wenig
abmurksen. So ist er nun einmal, der Mensch. Er tut das
Menschen mögliche.

Totentanz

Dummheit, Gier und Ignoranz,
Glauben, anstatt Wissen:
Die leiten ein den Totentanz
für 's Volk und für 's Gewissen.

Zum Kotzen

Man kann überhaupt nicht soviel fressen,
wie man kotzen möchte...

(Irgendwo gehört)

Ein Werk entsteht aus Wahrnehmungen

Dein Charme ist am größten, wenn Du lügst und Dir so
verdammt sicher bist, der/die Belogene merkt es nicht...

1. Du versprühst den größten Charme, wenn Du lügst und Dir
   so verdammt sicher bist, daß es niemand merkt. Schade um
   den Aufwand, den Du für Deinen Charme treibst. Du wärst
   ohne dem ein liebenswerter Mensch.

2. Manche Menschen versprühen den meisten Charme,
   wenn Sie versuchen, eine Lüge möglichst unbemerkt als
   Wahrheit zu verbreiten. Hüte Dich vor allzu charmanten
   Menschen!

Ägyptologens Ägytolüge

Ja, Mumien kann der am besten finden,
der in Pyramiden sucht, nach festen Binden.
Doch fehlen, die im Westen wir finden,
ausgewickelt von festen vier Winden.

Ergebnis:
Wiederbelebt regier'n sie das Ländle,
doch der deutschen Mark legier'n sie's Rändle.

Zusatz:
Schwabenart ist selten zart!

Wohlstandsanalyse

Ein Pfurz, gelassen in einer goldenen Badewanne,
kann auch von Reichtum künden...

Problemlösungsangebote

1. Wie wird man die Bundesregierung los?

   Bundesregierung ab nach Biblis, alle anderen zum Mond
   oder zum Planeten der Affen. Biblis einschalten. Moment
   warten. Zurückfliegen...

2. Wie wird man die Rechten los?

   Freiflug nach Florida schenken. Etwas Bargeld mitgeben. In
   Florida Bescheid geben bei den Autovermietungen. Wäre
   doch gelacht...

Urlaub auf Greta

Manch einer behauptet, seinen Urlaub am liebsten auf
Greta zu verbringen... und kommt sonst kaum rum.

Zusatz:
Nur Urlaubskarten gibt es von der noch nicht...

Der frische Franzose

Wenn ich Franz hieße und Hose mir Nachnamen, würde
man wenigstens ab und zu mal zu mir sagen: „Da ist er je
wieder, der frische Franz Hose...". Aber so sagt man nur
immer: „Der kleene Sachse...".

Bettvorleger

Ach Gott, der alte Bettvorleger,
der wird - gemeinhin - immer träger.
Dabei war - mein ich - gestern noch
für ihn ein wahres Stimmungshoch
als beide wir auf diesem
uns blitzschnell niederließen.

Er rollte mit durchs Zimmer,
denn Du warst wild, wie immer.
Und hast ihn eingeklemmt,
wie sonst Dein Unterhemd.

Vielleicht, wer kann es sagen,
hat er das nicht vertragen?
Und liegt nun - still für immer -
in Deines Bettes Zimmer.

So, wie ich auch dort liege
und kaum noch Luft mehr kriege.
Doch gleich geht's wieder weiter,
dann spielen wir noch Reiter ...

Zusatz:

Was ist denn nun schon wieder:
Reiter spielen?

Noch ein Zusatz:

Die Stellung ist mir neu,
weshalb ich mich drauf freu'!

Letzter Zusatz:

Mein Gott, bist Du blöd!

Könntest Du Gedanken lesen...

(If you could read my mind...)

Könntest Du Gedanken lesen,
vor Dir läge ein offenes Buch.
Nur geöffnet, darin zu lesen,
daß ich Deine Liebe such',
Mit Dir bereit, das erleben,
was wir im Traum erstreben,
vergessend Zeit und Raum.
Könntest lesen von dem Traum,
in dem wir zärtlich uns berühr'n,
uns zart und sanft verführ'n.

Könntest Du Gedanken fühlen,
fühltest Du meine Zärtlichkeit.
Hände, die Dein Haar zerwühlen,
Lippen, sanft zum Spiel bereit,
zu streicheln Deine weiche Haut,
die endlich Du mir anvertraut,
vergessend Zeit und Raum.
Fühltest vielleicht im Traum,
wie wir zärtlich uns berühr'n,
uns zart und sanft verführ'n.

Könntest Du Gedichte spüren,
spürtest Du, wie sehr ich Dich brauch'.
Könntest ahnen, wie gewesen,
die Gefühle in meinem Bauch,
denen ich versuchte, zu entgeh'n.
Doch ich muß Dir eingesteh'n:
Liebe an Dir Superweib,
doch nicht nur zum Zeitvertreib,
wenn wir zärtlich uns berühr'n,
uns zart und sanft verführ'n.

Könntest Du Gedanken lesen,
vor Dir läge ein offnes Buch,
auch geöffnet, drin zu lesen,
daß ich auf meine Dummheit fluch'.
Ach, verflucht, ich ließ Dich geh'n.
Nun träum ich vom Wiederseh'n,
denn ich lieb' Dich, wie Du bist,
und hoffe, daß Du nicht vergißt,
wie wir beide uns berühr'n,
uns zart und sanft verführ'n.

Ehe es Probleme gibt

Wenn Dein Geliebter zu Dir sagt: „Schönen Dank für 's
kommen!", dann stimmt etwas nicht, entweder mit Ihm
oder mit Dir, ganz sicher aber nicht mit Deiner oder Seiner
Ehe...

Sie haben bei uns Kredit

Die Deutsche Bank hat's gegeben,
die Deutsche Bank hat's genommen...

Zusatz:
Gegeben als Kredit...,
genommen als fertige Immobilie.

Frauen I

Man muß nicht unbedingt lesbisch sein,
um Frauen zu lieben.

Lagebesprechung

Heute machen wir eine Lagebesprechung.
Du gibst 'ne Lage und dann besprechen wir die ...

Psychologische Altersvorsorge

Ist Schönheit eine Tugend?
Gewiß nicht in der Jugend!
Und erst im höhrem Alter dann,
Wie käm 's da noch auf so was an!

Gleichheit

Alle Menschen sind gleich. Mir jedenfalls.

Auch eine Alternative

Lieber eine Alternative als eine alte Naive.

Bestechlich?

Ich bin nicht käuflich! (Kommt auf den Preis an.)

Kapitaler Fluch

Die wachsende Kapitalflucht bekämpft die Bundesregierung
erst, wenn ihre Mitglieder genügend Geld in Luxemburg,
der Schweiz, Liechtenstein oder sonstwo angelegt haben.
Aber das kann dauern. Man ist ja nicht umsonst im
Aufsichtsrat der Banken ... Gelle?

Quietschen

Würde Dummheit quietschen, keine
Krankenkasse der Welt könnte die
Heilung der erlittenen Hörschäden bezahlen.

Bankraub

„Morgenstunde hat Cold im Munde", das meinen
jedenfalls Ihre freudlichen Geiselnehmer aus der
Volks- und Raiffeisenbank.

Zungenschnalzer

Lieber öfter mal mit der Zunge, als
immer nur mit der großen Schnauze.

Weiber I

Frauen sind wie Pferde, man kann sie besteigen,
sie einreiten, sie an langer Leine laufen lassen,
nur: Beschlagen sollten sie nicht sein.

Wochenende

Wenn der im Spiegel mit Dir spricht
und auch im Kühlschrank ist nur Licht,
auch Deine Dusche bleibt stocktrocken,
an Deinen Füßen stinken Socken,
dann ist es, was ein jeder kennt,
mal wieder kurz vorm Wochenend.

Du machst Make-up, um Dich zu schönen
versuchst, die Locken Dir zu fönen,
mit Freunden heiter dann zu klönen
von Wetter, Fußball, Wissenschaft,
dann hast Du für den Samstag Kraft,
der Dich durch Großeinkäufe schafft.

Tags drauf geht's kilometerweit,
weil dies der Gattin Hirn befreit,
vom Streß, den Reichtum zu erreichen,
von - angenommen - Ihresgleichen.

Du stehst im Stau, mehr als 'ne Stunde,
so wuchern Dir am Bauch die Pfunde.
Da kommt er auf, der Sonntagsfrust
und Du hast auf den Montag Lust.

Die Lust vergeht. Sie bleibt Dir nicht!
Weil Sonntags nie Dein Spiegel spricht.

Gegenwind

Gegen den Strom,
gegen den Wind
Jahre vergingen.

Endlich mein Kind,
weht dieser Wind
aus anderer Richtung.

Stell mich wieder entgegen,
denn der stinkt
nach Vernichtung.

Schüttelreime an sich sind schön

Nur manchmal geraten sie ein wenig daneben.
Nehmen wir dafür folgendes Beispiel:

Auf so ein Wort wie „Schüttelreim"
fällt mir sofort ein „Rüttelscheim".
So leicht soll 's sein, den Reim zu schütteln?
Der jedenfalls klingt mehr nach Knitteln...

Schäferstunde

Der Schäfer macht bei Dämmerlicht
den Stall der kleinen Lämmer dicht.

Geister

Es wabert der Weltgeist bläulichgrün
sieht er die Braunen gräulich blühn.

Gesundheitsschaden

Es leidet des Auges Bindegewebe,
wenn ich mich in starke Winde begebe.

Merke:
Weiche jedem Pfurz aus, der Dir
in Augenhöhe begegnet.

Sächsische Fehlerdiskussion

Will ich Deine Fehler bloßlegen,
fang nicht gleich an mit losbläken.

Frommer Wunsch

Mach, lieber Gott, daß am Breitling
kein Wessi den Menschen ein Leid bring.

Zu spät.

Dankbarkeit des Herrn Held

Biet ich alles Geld meiner Bank dar,
ist diese mir immer sehr dankbar.
Doch will ich von der dann mein Geld haben,
sagen die, daß sie dieses Herrn Held gaben!

Zusatz:
Das Geld ist immer bei den falschen Leuten.
Kann auch Schneider gewesen sein ...

Blasen aus Gier

Ist's Radeberger frisch im Bierglas,
in dessen Schaum ich voller Gier blas'.

Irrtum

Meine Ziege erwarb ich sehr preisgünstig,
doch war dieser Bock auf 'ne Geis brünstig.

Zechpreller (Tip)

Bevor noch naht der Rausschmeißer:
Nach nicht bezahltem Schmauß reis' er.

Das Musketier

(eher ein Drama)
Trotz schlechtem Wetter, bei Wind und Regen,
kämpfts Musketier mit Rind und Wegen.
Es ist nur wenig regendicht,
drum selbst sich's mit dem Degen richt'.

Im Gasthof zuvor sprachs rechtzeitig:
„Bin ich total bezecht erst, reit ich,
weil ich, wie Musketiere reihenweise,
nach Lourdes zu heilgen Weihen reise."

So schwang auf das Pferd es sich rittlings,
nu, und reitet und reitet...
Sein Hinterteil jedoch litt rings
um, es leidet und leidet...

Und dann noch das Scheißwetter.
Also wirklich, alles kein Wunder...

Zusatz:
Das Musketier kämpft für die Ehre,
doch fürchtet es die Necessaire.

Rechnen schafft

Kein Schwein verlangt drüber Rechenschaft,
was Volkswagen alles beim Tschechen rafft.

Zusatz:
Dafür einen Skoda...

Schönheitoperation (Tip)

Trägst Du den Nabel schon im Gesicht,
lohnt sich das Liften bei Dir nicht.

Zusatz:
Ein Schüttelreim anderer Art.

Biedermeier

Er kannte aus München die Biedermeiern.
Und seit er die kannte, mied' er Bayern.

Wer war Ückenbrau?

Der Wissenschaftler Ückenbrau,
der wirkt stets mit beim Brückenbau.
Sieht in der Landschaft Lücken er,
meint strahlend er nur: „Brücken her!".

Er war der Held bei Brückenbauten,
die sie auf unsrem Rücken bauten.
Kurz drauf - rief er „Atomkraftwerke",
dann kam die Zeit für Kindersärge.

Zusatz:
Energieverschwendung ist es, gegen Atomstrom zu
protestieren, solange die Politiker von den Konzernen
bezahlt werden.

Wenn ich einen gut bezahlten Posten im Aufsichtsrat
einer der Energieversorger bekäme, könnte ich das Lied
von Ückenbrau durchaus auch löschen.

Angebote? Gerne.

Sächsisches Prachtstück

Wenn ich Deine Figur mir so betracht',
frag ich mich, woher kommt de Pracht?
Hör ich jedoch Deiner Stimme Beiklang,
wird es im Herzen mir immer glei' bang.

Trinklied

(zum selber basteln)

Gegen all die Übelchen
trink mit mir ein Kübelchen
von dem hellen Gerstensaft.

Der gibt uns zum ersten Kraft
und, dank seiner Würze,
zum zweiten derbe ...ürze.

Bastelanleitung:
Wahlweise setzen wir eine beliebige Buchstabenfolge aus
dem Alphabet anstelle der drei Auslassungspunkte ein, z.B.
M, Kl, St, Pf, Sch. Anschließend wählen wir den spaßigsten
Reim aus und tragen ihn in heiterer Runde vor.

Bergbau

Dein Nasebohren ist wirklich bergmännisch!
Doch noch bevor ich das merk', penn' ich.

Sonnenstudio

Du solltest das Bräunen bleibenlassen.
Sei stolz auf Deinen Leib, den blassen.

Flößer wider Willen

Ich ging durch den Wald - leider bloßfüßig -.
Den Frevel am Ende als Floß büß ich.

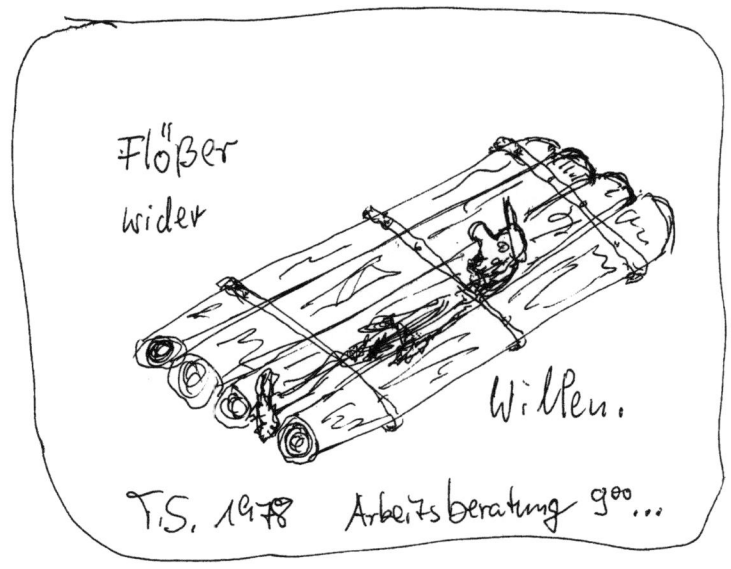

Erstes Lied des zweiten Autofahrers

(in der Fußgängerzone)

Heut' knall'n wir rückwärts rein, rückwärts rein,
heut' knall'n wir rückwärts...
Heut' knall'n wir rückwärts rein, rückwärts rein,
heut' knall'n wir rückwärts rein.
Mit unserm kleinen Audi, Audi, Audi, Auaudi,
mit unserm kleinen Audi, das Stopplicht ging nicht an...

Kleiner Scherz

Ein Zwerghuhn, klein und zart gebaut,
hat einem großen Hahn vertraut.
Der sagt: „Laß Dich von mir beraten.
Dein Herr will große Eier braten."

„So gehe hin und streng Dich an,
damit man Wirkung sehen kann.
Leg Eier, dicke, runde, künftig,
dann bist als Huhn Du wieder zünftig."

Sprach 's und verschwand zu großen Hennen,
die noch auf ihren Stangen pennen.
Sie hatten als „Große" unterdessen
das Eierlegen ganz vergessen.

Die Kleinen sollten für sie rackern.
Sie selber wollten nur noch gackern.

Das Zwerghuhn nun bemüht sich kräftig,
befolgt den Rat des Hahns geschäftig.
Es müht sich wahrlich, allenthalben.
Doch eine Maus kann halt nicht Kalben.

Es hat gefressen Mais und Korn
und fängt zu drücken an von vorn.

Ganz langsam wurden die Eier groß.
Doch plötzlich war der Teufel los.
Ein Ruck im Zwerghuhn gab bekannt:
„Arsch aufgerissen!". (Uncharmant!)

Hat, im Vertrauen auf die Großen,
gemüht sich, Leistung auszustoßen.
Dabei ging die Gesundheit flöten.
Bald bist auch Du bei diesen Blöden!

Zusatz:
Die Hühner jedenfalls waren begeistert, obwohl nicht in der Gewerkschaft organisiert, dass sich jemand für ihre Interessen einsetzte. Sie legten täglich je ein Ei.

Statussymbol

Auch Haare können als gesellschaftliches Statussymbol angesehen werden, wenn Du sie z.B. in Deiner Trüffelpastete oder in Deinem Hummersalat findest...

Teile und Herrsche!

Wo immer man natürlich Gewachsenes mit Gewalt teilt, ist das natürliche Zusammenstreben des Geteilten - bis hin zu einer späten Vereinigung - ins Kalkül zu ziehen.

Eismann

Tau mich auf,
ich fühl' mich allein
und wünschte manchmal
mir bei Dir zu sein.

Tau mich auf,
nimm Dir die Zeit,
dann kannst Du spüren
meine Zärtlichkeit.

Tau mich auf,
mach' mich heis.
Ich hab mein Herz verpackt
in Trockeneis.

Tau mich auf
mit Zärtlichkeit,
dann nimmt mein Herz sich
nur für Dich noch Zeit.

Tau mich auf,
mach' mich bereit,
Dich zu verwöhnen,
es ist höchste Zeit.

Liebesgeflüster

Die Liebe lebt im wesentlichen von einer fortwährenden
Kommunikation der Beteiligten.
 Dazu gehören der Wille, sie zu beginnen,
  die Begabung, sie fortzusetzen und
   die Kunst, sie nicht enden zu lassen.

Gehirnwindungen oder Gehirnecken?

Nur wer in der Lage ist, um die Ecke zu denken,
kann sich in Schlangen-linien durchs Leben bewegen.

Oder anders herum:

Will man sich in Schlangenlinien durchs Leben
bewegen, muß man um die Ecke Denken können.

Wer ist denn nun der Dumme?

Die Dummen haben es gut:
Sie können den Verstand nicht verlieren.

...2fel

Als ich bemerkte, ich lache mit Dir,
wenn Du fröhlich bist,
als mir klar wurde, ich bin traurig,
wenn Du weinst,
als ich begann,
mich neben Dir wohl zu fühlen,
als ich spürte,
ich habe Angst um Dich,
kam in mir die Frage auf,
was es wohl für Gefühle wären,
die da in mir rumorten.

Die Antwort lag nah.
Aber: Da sind sie wieder: Die Zweifel.

Aus lauter Angst um Dich,
frage ich mich,
ob Du Dich auch wirklich wohl fühlst
neben mir,
ob Du nur mit mir lachst,
weil ich fröhlich bin,
ob Du vielleicht nur weinst,
weil ich traurig bin,
und wovor Du eigentlich Angst hast...

Ich mag nicht, wenn Du weinst,
nur weil ich traurig bin.
Ich mag nicht, wenn Du Angst hast.
Ich mag es, wenn Du Dich wohl fühlst
neben mir.
Ich mag, wenn Du mit mir lachst
und ich mag,
wenn wir über uns lachen.

Kurz: Ich liebe Dich.

Dem deutschen Bergbau

1. Dem deutschen Steinkohlenbergbau

Der Kumpel will zur Nachtschicht,
jedoch, er findet den Schacht nicht.

Geschlossen?

2. Dem deutschen Kali-Bergbau

Der Kumpel will zur Nachtschicht,
jedoch er findet den Schacht nicht.

Atomares Zwischenlager?

3. Dem deutschen Braunkohlenbergbau

Der Kumpel will zur Grube,
da fällt auf ihn die Stube
und dann das ganze Haus.
Nun geht er nicht mehr raus.

Garzweiler II?
Oder doch eher Gelsenkirchen
und alte Steinkohle-Schächte?

4. Abwarten.

Röhricht

Die Grundlage des menschlichen Lebens bildet - in
einem nicht unwesentlichen Maß - das aus der Physik
bekannte Prinzip der kommunizierenden Röhren.

Beispiel: Denken Sie sich eins aus.
(Lichtenberg stand mir hier bei!).

Beamteninitiative, ein Wort, das nicht im Duden steht

(noch nicht)

Als der Beschluß gefaßt wurde, die Mittel für die Forschung auf dem Gebiet der künstlichen Intelligenz aufzustocken, ja sie quasi erstmals zu genehmigen, war ich eigentlich recht froh, denn der Beschluß des Bundeskabinetts brachte doch etwas Hoffnung für die auf diesem zukunftsträchtigem Gebiet arbeitenden Wissenschaftler.

Auch schien es, die Wirtschaft könne davon profitieren. Als dann noch der Beschluß gefaßt wurde, daß die dafür vorgesehenen Forschungsgelder von Beamten des zuständigen Bundesministeriums verwaltet werden sollten, war das nur gut und richtig, denn so war es Brauch. Als beschlossen wurde, die Verwaltung des Staates schlanker und effizienter zu gestalten, war das ein vielversprechender Anfang. Er stimmte zumindest hoffnungsvoll.

Ich gebe zu, daß ich in einem der Beschlüsse überlesen hatte, daß die Beamten des zuständigen Ministeriums erstmals die Vergabe der Forschungsgelder selbst inhaltlich vorbereiten und entscheiden können sollten. Ein erster Schritt zum schlankeren Staat sollte getan werden. Aber, was man nicht richtig studiert, kann man nicht begreifen. Ich hätte es wissen müssen.

Die Beamten des zuständigen Ministeriums starteten also zunächst eine Ausschreibung zur Realisierung ihres Auftrages, so wie es üblich war. Der Titel der Ausschreibung war etwas Beamten-statisch, aber er hörte sich gut an:

„Der Einsatz künstlicher Intelligenz zur Dickenverringerung (Verschlankung) und Effektiverifizierung (Effektivierung

und Verifizierung) der Bundesverwaltung, unter besonderer
Beachtung des Abbaus der Verschuldung des Bundes durch das
Bundesministerium für Finanzen. "

Ein guter Ansatz.

Auf Grund dieses Themas wurden vielerlei hervorragende Aktivitäten von Wissenschaftlern aller Wissenschaftsgebiete im Land gestartet, mancherlei geniale Projektidee zierte das Brief- und Konzeptpapier der Forschenden, die sich für die Bearbeitung dieser wichtigen Aufgabe anboten und mit zum Teil erstaunlich klaren Zielen erste Thesen und Konzepte zu Gehör und Papier brachten. Es gingen Förderanträge ein, von hoher Zahl und großer Güte.

In dieser Zeit wurden die Beamten des zuständigen Ministeriums aufgefordert, Vorschläge zu unterbreiten, wie denn nun Forschungsmittel eingespart werden könnten und die Ausgaben generell zu senken seien.

Unter anderem erging der Vorschlag aus den Reihen der Beamten, doch endlich das Forschungsthema „Der Einsatz künstlicher Intelligenz zur Dickenverringerung (Verschlankung) und Effektiverifizierung (Effektivierung und Verifizierung) der Bundesverwaltung, unter besonderer Beachtung des Abbaus der Verschuldung des Bundes durch das Bundesministerium für Finanzen." zu beenden und die Mittel in den Haushalt zurückzugliedern.

Der Minister stolz auf diese Idee, stammte sie doch aus den Reihen der Mitarbeite seines Ministeriums, die sich wieder als klug und geschickt erwiesen hatten. Froh und begeistert berichtete er dies seinem parteibuchmäßige gewählten Vorsitzenden, der die Richtigkeit der Berechnungen der Ministeriumsmitarbeiter nicht anzweifelte, gab ihm doch die

Höhe der Einsparungen Recht. Es konnte gespart werden. Das Kabinett beschloß es.

Seit dieser Zeit sind Entwicklungen auf dem Gebiet der künstlichen Intelligenz und ihres Einsatzes in der staatlichen Verwaltung nicht mehr zu erwarten. Die Beamten des zuständigen Ministeriums waren ein ungebildetes Volk, ihre natürliche Intelligenz reichte nicht aus, den Nutzen des Einsatzes der künstlichen Intelligenz in der staatlichen Verwaltung richtig einzuschätzen. Genau das aber wäre damals schon mit einem einfachen, wissensbasierten, lernfähigen System der künstlichen Intelligenz auf einem Computer der mittleren Datentechnik möglich gewesen.

Warum nur?

Dementi:

Einen solchen Beschluß des Bundeskabinetts hat es nie gegeben. Das Gegenteil ist der Fall.

Heiße Luft

Deutschland ist die Nummer 1 bei der
Herstellung der Windenergie.

Zusatz:
Kein Wunder, bei der vielen heißen Luft,
die überall und zu jeder Gelegenheit von
beinahe jedem Bundesbürger abgelassen wird.

Aufwachen mit Irma

An jenem denkwürdigen Tag, an dem Du mich anriefst, um mir zu sagen, daß Du eine Reise nach Köln unternehmen würdest, ohne direkt zu fragen, ob wir uns dort treffen könnten, um ein oder zwei Tage gemeinsam zu verbringen, war mein Erschrecken groß, als ich, völlig entgeistert, nach dem Auflegen des Hörers zunächst einmal überlegen mußte: „Mein Gott, was war das denn? Ein Angebot? Von Dir? Nach so langer Zeit?".

Auf dem Weg nach Hause schoß es mir durch den Kopf: „Meine Güte, das war ja Irma, die Dich da angerufen hat! Was habe ich Ihr denn eigentlich geantwortet? Verdammt, früher warst Du auch intelligenter! Wo hast Du nur Deine Gefühle und Dein Herz gelassen? Hast Du Angst, daß Dich dieses Traumweib wieder so furchtbar aufwühlen könnte? Daß dieses Treffen wieder mit einer unendlichen Blamage enden wird? Ruf' Sie an, zeige Ihr, daß alle Türen offen sind."

Langsam begann ich aufzuwachen. Die Zweifel wurden langsam weniger und doch war da ein Gefühl, daß sich mir immer mehr ins Herz zwängte und sich bis zum folgenden Wochenende, dem bewußten Wochenende in Köln verstärkte. „Sie hat Probleme! Es kann nur so sein, daß Sie Probleme hat, die größer sind, als daß Sie mit diesen Problemen selbst fertig werden könnte".

Noch vor dem Wochenende dann der merkwürdige Flug nach Wien, der ebenso in einem Fiasko hätte enden können, wie die Reise nach Köln. „Verdammt, ich habe Angst um Irma!", verriet mein Herz. „Verdammt, mehr als Irma brauchst Du selbst Hilfe. Aber Du Idiot hast Dich so sehr eingeigelt, daß Du noch nicht einmal mitbekommst, wenn Dich ein Weib wie Irma brauch'. Und Du hast einmal zu Ihr gesagt, Du liebst Sie! Daß ich nicht lache", gab der Verstand bekannt. Ohne nachzudenken, meldete sich wieder das Herz zu Wort: „Teufel, wieso eigentlich? War da noch etwas übrig? Verdammt, warum hast Du Sehnsucht nach Zärtlichkeit und negierst den Anruf der Frau, die Du einst „Traumfrau" genannt hast? Wach' endlich richtig auf, Junge, Du fängst an, zu verblöden!"

Inzwischen nahte die Weihnachtszeit, die wie in jedem Jahr ohne die Kinder stattfinden würde und auch sonst kaum etwas von dem bringen würde, daß sich normale Menschen von ihr erhoffen. Ich hatte beschlossen, daß es ein Wiedersehen mit Irma geben muß! Entweder privat oder im größeren Kreis oder wie auch immer. Ein Fest muß her oder mindestens eine Feier. Aber diese Feier müßte vorbereitet werden!

Was ist zu tun? „Verdammt bist Du bescheuert. Du hast doch mit den Profis schon darüber gesprochen. Mach' einen Plan und raff' Dich endlich auf, aus Deiner Lethargie!", mußte ich mir wiederum anhören.

Und so begann ich mit meinem Teil der Vorbereitung unseres Zusammentreffens. Aber, was sollte ich zu diesem Fest beitragen? Organisieren von hier aus? Beinahe unmöglich.

„Aber, Du hast doch ab und zu mal ein Gedicht versucht zu schreiben! Vielleicht kann man damit was anfangen?", meldete sich wieder eine inzwischen vertrauter gewordene innere Stimme.

Inzwischen war der Jahreswechsel heran und das Rätsel war: Wann hat Irma eigentlich Geburtstag? Schick ich Ihr eine Weihnachtskarte oder nicht oder wie oder was, oder vielleicht doch nicht? *(Neuere Forschungen ergaben dann, daß Irma immer am gleichen Tag Geburtstag hat, und das schon seit mehr als vier Jahrzehnten.)*

Kurz darauf habe ich dann meine Zweifel durch eine geniale List besiegt und mich an meinen Computer gesetzt. Die List bestand darin, statt dumm hin- und herzurätseln, einfach für Irma eine bescheidene Festschrift abzufassen. Die alten handschriftlichen Gedichte aus dem „Blauen Buch" und die Aphorismen aus der Sprüchesammlung, von denen ich manchmal nicht wußte, von wem sie sind oder ob sie mir selbst eingefallen waren, wurden gesichtet und dann blitzschnell zum Manuskriptentwurf.

Als aber das Gedicht für Irma aus der Zeit der ersten zarten Begegnungen in der Mitte der siebziger Jahre an der Reihe war, wurde alles, aber auch wirklich alles, wieder lebendig: Die Träume von damals, die zärtlichen Stunden, die schlimmen Tage danach, dieser gottverdammte Verzicht, die beiden Hochzeiten, die drei Kinder, der ganze Beschiß eines aus Dummheit verpfuschten Lebens. Und so schrieb ich weiter, bis das zärtliche Gefühl und die unbändige Sehnsucht nach Irma wieder aus der Versenkung ins Herz zurückgekehrt waren.

Plötzlich war all der Frust, der sich aus dem selbst auferlegten Alleinsein aufgestaut hatte, verschwunden. Eine wesentlich heitere Stimmung begann sich durchzusetzen. Verdammt gut tat es, über die inzwischen immer mehr werdenden Blödeleien zu lachen und am besten war es, über sich selbst zu lachen. Sich selbst auf die Schippe nehmen ist eine äußerst anstrengende Arbeit.

Und langsam wuchs sich diese Arbeit am Manuskript dann zu Schwerstarbeit aus. Korrigieren, schreiben, schon wieder eine neue dumme Idee (wo hast Du nur die vielen Sprüche versteckt, die ganzen Jahre über), wieder korrigieren, wieder schreiben ... .

Dann kam der Punkt: Stopp. Sonst wird das nie fertig! Also: Endredaktion, Gestaltung, Umschlag und noch blödere Ideen in den Beginn des zweiten Bandes setzen.

Und dann kam Irma.

Ich spürte es sofort: „Ich Liebe Sie, tatsächlich."

Und wenn dem nicht so wäre, dann hätte ich hier aufgehört mit dem Band II „Mein Leben im Fettnapf" aus dem Zyklus „Aphorismen, Afforeien, blöde Lieder, blöde Laien" und keiner könnte ihn lesen, was sicher auch niemandem geschadet hätte..., aber möglicherweise lehrreich war, denn die Menschen sind nicht immer, was sie scheinen, doch selten etwas besseres..., goehtelt es durchs Land.

Kohl im Spiegel

Ein Kohl im Spiegel liebte sehr
sein Double gegenüber.
Er sprach „Ich schicke mit 'nem Gruß
Dir eine Taube rüber."

Das Spiegelbild sprach: „Ach, Du weißt,
ich liebe Dich nicht minder,
doch mit der Taube, das laß sein,
Du wirkst selbst wie ein Blinder.

Der Abt

Seit ich all die Mönche kenne, lieb ich das Kloster.

Der Bischof

Seit ich die Dienstmagd kenne, lieb ich die Chorknaben.

Der Papst

Seit ich meine Bankkonten kenne, weiß ich,
daß mich mein Herrgott liebt.

Alte Liebe

Er: Liebling, ich bekomme immer noch weiche Knie,
    wenn ich Dich sehe. Aber etwas ist anders als früher.
Sie: Ja, Liebling, das ist schön, aber was ist denn anders?
Er: Früher war es vor lauter Lust, wenn Du Dich
    auszogst, heute aus Angst davor.

Schicksal

Im Dunkel naht der leise Reiter.
Er meuchelt hin den Reiseleiter.
Dann mordet er sehr leise weiter.
Bei Nacht, auf diese Weise! Leider.

Der Langeweile gab's genug,
die, nächtlich Dunkel nutzend,
ein Dutzend Reisender erschlug.
Die Reiseleiter gibt's im Dutzend.

Zusatz:
Das Reisebüro ist namentlich bekannt.
Ab zum Ballermann.

Erstes Lied des dritten Autofahrers

(in der Fußgängerzone)

Jetzt schmeißen DIE mit Stein', mit 'nem Stein.
Jetzt schmeißen DIE mit ...
Jetzt schmeißen DIE mit Stein', mit 'nem Stein,
jetzt schmeißen DIE mit Stein',...
auf meinen kleinen Porsche, Porsche, Porsche, Pohorsche,
auf meinen kleinen Porsche, bezahlt war der noch nicht...

Schaden statt Gnaden

Es sind nicht die Gnaden der späten Geburt! Nein, es ist der Schaden der zu zeitigen Geburt! Was hätte ich mit den vielen Millionen Dollar alles anfangen können, hätte ich Michael Jackson doch nur einmal zufassen lassen können - damals - mit 12, 13 Jahren. Aber es gab damals keinen Michael Jackson mit so viel Geld! Weit und breit gab es den nicht, damals. Und die eigenen Kinder sind auch schon zu alt... und die 35 Millionen Dollar einfach so verschänkt... Schade. Keine Gnade.

Neues aus der Mathematik

Ab sofort wird für die Berechnung des Intelligenzquotienten (und nur dafür) die Division durch Null zugelassen. Als Divisor und Dividend war die Null nachgewiesenermaßen von Anfang an zugelassen, was jedoch die Genossen von der SPD auf das Entschiedendste bestreiten.

Dagegen behaupten die führenden Vertreter von CDU und CSU, daß - im Gegenteil zur Meinung der SPD - nicht Dividend und Divisor, sondern Zähler und Nenner schon immer auch Null sein konnten. Dividenten dagegen sollten immer wesentlich größer als Null sein.

Die Frage nach dem Ergebnis dieser Division wurde von Regierung und Opposition leider nicht gestellt, jedoch umfassend erörtert. Aber sie - die Division - scheint doch zu funktionieren. Das zeigt u.a. der Haushaltsansatz (ETAT) in jedem Jahr neu.

Die Chemie der Redikale

Nicht nur in der Atemluft können freie Radikale
unangenehme Nebenwirkungen verursachen.

Auch Kopfschmerzen durch Baseballschläger sind
möglich...

Zweites Lied des ersten Autofahrers

(in der Fußgängerzone)
Heut' hau'n wir gegen's Knie, gegen's Knie.
Heut' hau'n wir gegen's ...,
Heut' hau'n wir gegen's Knie, gegen's Knie,
heut' hau'n wir gegen's Knie,
mit einer blecher'n Türe, Türe, Türe, Tühüre,
mit einer blecher'n Türe, ein Türgriff war nicht dran...

Rolle vorwärts

Mein Herz schlägt einen Purzelbaum,
liegst Du bei mir, nicht nur im Traum.
Selbst mein Verstand - im Streckverband -
hilft ängstlich führen meine Hand.

Liebkosend Dich, die Seele baumelnd,
das Blut in Wallung, nüchtern taumelnd,
betracht' ich Dein Gesicht am Morgen.
Im Schlaf noch lächelts! Du hast Sorgen?

Ich sollte küssend *die* vernichten.
Statt dessen sitz ich hier beim Dichten!

Zusatz:
Zu wenig Konzentration auf das Wesentliche.

Zoo-Besuch

Während ich mir die Jacke noch zu knöpfe,
flechte Du doch einfach dem Gnu Zöpfe.

Einsamkeit

Trifft Du am Morgen ein schönes Weib,
hast Du den ganzen Tag etwas zum Träumen,
nur Nachts findest Du keinen Schlaf.

Sprachliche Fehlleistungen der Neuzeit

...Es droht eine schwarz-grüne Kohllalition...

...Für jedes neue Produkt ist eine umfassende
Paprikalation unerläßlich...

...Für die Bestie im Mann ein M26-Sturmgewehr...

...In meiner Firma nennen sich die Chefs direkt Toren...

...Unser Chef ist heute wieder Depp' prämierend...

...Hat ein Volksvertreter ein Verbrechen begangen,
dann wirst Du halt in Zukunft von einem Verbrecher
vertreten...

(Hosen-)Taschenspieler-Trick

Spürst Du zwei Hände in Deinen Hosentaschen
und es sind nicht die eignen, laß Dich nicht überraschen!
Es ist nur der Waigel, will Dein Geld sich erhaschen.
Versuch diesen Trick, zugegeben 'nen laschen:
Trage nur Hosen mit Loch in den Taschen,
dann laß Dich von grapschenden Händen vernaschen.

Theorie und Praxis der
„Angewandten Korruptionsmethodologie"

Aus der Reihe: „Studien die das Leben schreibt"

Eine viel zu früh erarbeitete unabhängige Studie der „Stips'chen Stiftung", ausgearbeitet unter Leitung von Prof. Dr. P. Sycho-Terror beschäftigt sich mit dem Phänomen der „vorsichtig angepaßten Korruptivität" in Abhängigkeit vom oberen und unteren Abstand der Legislativzeitperiode.

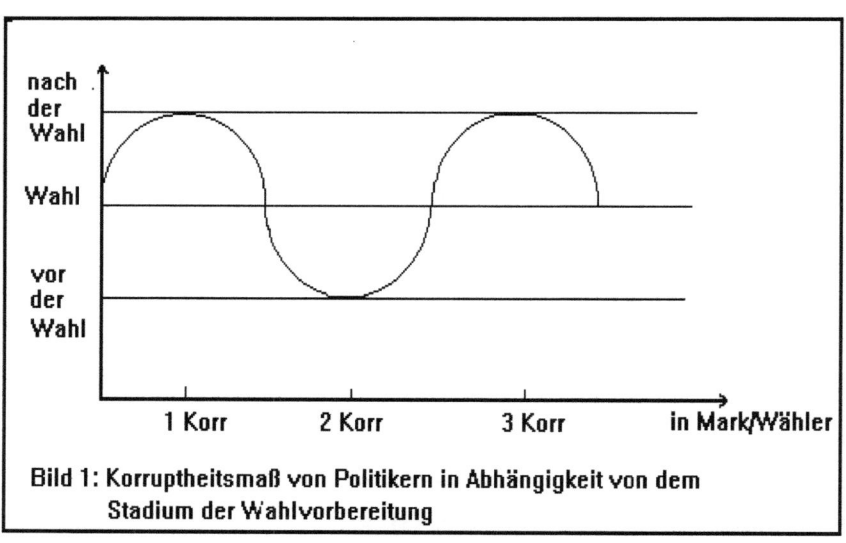

Bild 1: Korruptheitsmaß von Politikern in Abhängigkeit von dem Stadium der Wahlvorbereitung

Unklar ist, wovon die Studie unabhängig war. Nichts desto trotz, wir veröffentlichen dennoch erste Ergebnisse. Denn: Die Studie kommt zu ganz außergewöhnlichen Ergebnissen, von denen wir eines heute hier vorstellen wollen. Dazu betrachten wir die nachstehende Graphik und diskutieren deren Aussage.

Wie man leicht sieht, kann man von einem fast gleichmäßigen kurvenförmigen Verlauf des Korruptionszyklus innerhalb und außerhalb des Legislaturzeitraumes, also zwischen den Legislaturhöhepunkten, sprechen.

Gemessen wurden die Werte für die Berechnung der einzelnen Kurvenpunkte durch das einfache Auszählen von Veröffentlichungen über Gerichtsakten und anhängige Strafverfahren. Dabei wurde die Höhe des jeweiligen Strafmaßes auf die einfache Maßeinheit KORR umgerechnet. Geldstrafen, Sachwertstrafen und Haft sowie vorzeitige Haftverschonung oder angeordnete gemeinnützige Arbeit wurden vereinheitlicht und vergleichbar gemacht.

Es ergab sich eine einfache Formel für die Berechnung des allgemeine Korruptivitätskalkül KORR:

$$KORR = \sum_{l_a}^{sl_e} a_s \bullet k - (a_s \bullet m / n)$$

Die Grundvariablen haben folgende Bedeutung:

a_s bezeichnet den öffentlichen Auftrag mit der Zählnummer s

l_a bezeichnet den Zeitpunkt des Anfangs der Legislaturperiode als DATUM

l_e bezeichnet den Zeitpunkt des Endes der Legislaturperiode in TAGEN

k bezeichnet die durchschnittliche Höhe des Auftragswertes in DM

m bezeichnet die durchschnittliche Höhe der Zahlungen an Dritte in DM

n bezeichnet die Zahl der Teilhaber.

Man kann davon ausgehen, daß 12,0 KORR etwa einem STAAN entsprechen. Ein STAAN ist die durchschnittliche Zeit in DM die ein Staatsanwalt für 3 Korruptionsfälle aufwendet. Insgesamt gab es 1994 circa 6700 bekannt gewordene Fälle der Korruption, Vorteilsnahme und des Amtsmißbrauchs in Deutschland (und alle ohne die von Kohl und Kanter mitzuzählen). Mehr als 35 Milliarden Schaden soll der öffentlichen Verwaltung durch diese Fälle entstanden sein, was im Vergleich mit dem Waldschadensbericht, eine Geringfügigkeit darstellt.

Die Berechnungsgrundlage mußte für Hessen und Bayern, um einen einigermaßen gerechten Ausgleich der Dunkelziffern zu ermöglichen, durch 123 bzw. durch 89 geteilt werden. Von den oben angeführten Straftatbeständen entfielen 1600 auf Hessen und 2100 auf Bayern (und alle ohne Kohl, Koch und Kanter).

Ausgedrückt wird die Maßeinheit KORR in MARK PRO WÄHLER. Das bedeutet letztlich, 1 KORR sind etwa 5,27 DM pro WÄHLER. Aber: Das ist im Vergleich zum thüringischen Betrugs-Lollinger, der nur bei 150 DM pro Sekunde steht, etwa 1,12342 Quepto (1/2 Zeiss oder 3/5 Späht) mehr als im Durchschnitt. Näherungsweise arbeiteten wir mit:

1 KORR =   6 Monate Haft = 50 000 DM Strafe

-1 KORR =   3 Monate Haftverkürzung (per Definition)

0 KORR =   undefiniert

(In der Wahrscheinlichkeitsrechnung spricht man von UNWAHRSCHEINLICH.)

oder

6 mal gemeinnützige Arbeit zu 5 Minuten pro Tag.

Der negative KORR ist etwas kleiner als der positive angesetzt. Damit ist eine beinahe günstige Addition möglich. Die Ungenauigkeiten nehmen wir in Kauf, weil wir sie eventuell in die eigenen Taschen wirtschaften können.

Ein KORR kann auch ausgedrückt werden in der Maßeinheit LAMBS*). Diese ist jedoch nicht in jedem Fall ganzzahlig teilbar. Man rechnet im Durchschnitt, wenn man von rechts nach links multipliziert:

1 LAMBS entspricht etwas 180000 KORR vor Steuern.

Multipliziert man von links nach rechts, rechnet man mit:

-1 LAMBS entspricht etwa -23140 KORR.

Erstaunlicherweise ist die Korruptheit eines Politikers also, gemessen nach unserer Formel, nicht direkt abhängig von der Legislaturperiodendauer. Nein. Sie ist immer im Durchschnitt gleich groß, was leicht an der immer gleich bleibenden Fläche unter der Kurve zu erkennen ist. Sie entspricht sogar im wesentlichen dem Integral der Zeit, die vergeht, über der Vergeßlichkeit der Wählermenge.

Verschiebt man die obere Hälfte der Korruptionskurve zur Wahlachse um die Breite des Durchmessers, werden Kreise sichtbar. Die weisen darauf hin, daß man in Kreisen der Politik der Korruption immer mit dem gleichen Abstand zum Mittelpunkt verfallen ist, wenn nur die Wählermenge gleich bleibt. Ein wahrlich nicht erstaunliches Ergebnis.

*) LAMBS: Nach dem „Erfinder der Steuerhinterziehung im Amt" benannte EINHEIT für alle Gleichgesinnten. Er u.a. erfand auch den ERSTEN VORBESTRAFTEN PARTEIVORSITZENDEN mit extra hohen, vollen Bezügen...

Nur *ein* Beispiel:

Die sogenannte Taunus-Mafia wurde geschnappt. Von den Urteilen für die Empfänger der Bestechungsgelder war nicht viel zu hören und zu sehen. Aber: 3 Jahre Knast für den Bestecher NIKLAS.

Wir rechnen wieder:

gezahlte Bestechungsgelder:	170000 DM
Anzahl der Fälle:	58
ergibt:	2931,03 DM/Fall
bei:	1065 Tagen Knast
ergibt:	159,62 DM/TAG
1 Tag Knast kostet	800 DM (etwa)
ergibt bei 1065 Tagen Knast	852000 DM Kosten.

Billiger wäre es gewesen, die ganze Bande laufen zu lassen, aber dann wären die Richter über kurz oder lang wegen Arbeitslosigkeit ins rechte Lager abgewandert, weil sie ja ohnehin Recht(s)sprechung gelernt haben.

Hausaufgabe:

Berechnen Sie, für wieviel DM/Tag Bestechungsgeld Sie in den Knast gehen würden. Schreiben Sie mir die Lösung.

Nennen Sie mir Ihre Spender.

Vielen Dank im voraus

Hinweis in eigener Sache:

Die Taschen an unserem Taschenrechner sind extra dafür da, dass sich der Leser etwas in die eigene Tasche rechnen kann. Oder nehmen Sie auch lieber zwei Millionen im Koffer, ... ?

Lassen Sie anliefern.

Sex-Skandal um Hugh Grant

(Bild gelesen, dabeigewesen!)

Gelegentlich werden auch einem „großen" Filmstar Herz und Verstand von einer relativ billigen Prostituierten einfach weggeblasen.

Zusatz 1:
Wieso „billige Prostituierte"?
Nun, diese Art ist in Hollywood ab 45 Dollar zu haben, außer bei Schauspielerinnen, die können auch schon mal 36 Millionen Dollar kosten...

Zusatz 2:
Manche Männer lassen sich regelmäßig den Verstand wegblasen, ohne daß dabei dem Kopf irgendetwas passieren würde. Wieso auch?

Grober Unfug auf französisch

Grober Unfug wäre es, einer Pariser Prostituierten vorzuwerfen, ihr Französisch wäre falsch.

Ich als Air-Bus

Manchmal komme ich mir vor, wie ein AIR-Bus. Nicht etwa so weit abgehoben oder so als stolzer Überflieger; nein, vielmehr so ziemlich schnell heruntergekommen und ausgebrannt.

Nases letzte Reportage

Nase: Herr Schirinowski, Sie als neuer Prämienminister Frankreichs, haben also beschlossen, wieder mit Atomtests zu beginnen?"
Chirac: Also, Ihre Anfrage in Ehren, aber sie enthält zumindest zwei Fehler: Zum einen ist mein Name Chirac und zum anderen bin ich Prämierminister Frankreichs.
Nase: Ach was! Und was ist da der Unterschied?

Zusatz:
Wie schon erwähnt: Nases letzte Reportage.

Schütteln

Schon wieder schütteln wir uns leise
geh'n Schüttelreime auf die Reise.

Eine Heidekraut-Methode

Ich schubse den ins Heidekraut,
der hier nach mir mit Kreide haut.

Kuddelmuddel

Wenn ich mein Bier bei Muddel kuddel,
gibt's selten einmal Kuddelmuddel!

Haarspalterei

Im Kopf ein Spalt ist selten heilbar,
verblieb beim Schlage Dir am Beil Haar.

Junker Stips auf dornigen Pfaden

Junker Stips schleicht zu Gunilla.
Durchbricht den Busch der Heckenrose
an seiner größten Liebe Villa.
Nun stecken Dornen in des Recken Hose.

Junkies, Sucht

Sie suchen des verdammten Hanf Kraft:
Immer öfter suchen sie krampfhaft.

Zusatz:
Im Deutschen gibt es fünf einsilbige Grundwörter
als Substantive mit der Zeichenfolge „nf".
Welche sind das?
Hier eine Hilfestellung: Hanf, Senf, Genf, Zunft...
das sind schon mal 4.

Bodyguard

Bevor ich über mein Weib lache,
beschaff ich mir 'ne Leibwache.

Wie eine zweite Haut!

Dein erstes Weib hat nie Dich geschlagen!
Oh nein, jedoch war Sie Dir viel zu laut.
Dein nächstes Weib schlug Dir nur auf den Magen.
Das wurde Dir klar: Wie eine zweite haut.

Hapes Hurz-Kunst

Kunst ist nicht schwer für den Verstand,
das hat vor kurzem kurzerhand
der Hape Kerkeling (nicht verwandt)
mit seinem Lied vom „HURZ" erkannt.

Zusatz:
Hape = Hans Peter Kerkeling = Moderator aus Versehen.

Der Kranken Schein

Du hast, so sagt man, ein Magenleiden?
Dann solltest Du all diese Lagen meiden!

Junker Stips und seine Monika

Ein prachtvolles Weib liebte einst Junker Stips!
Das war ach so lieblich und auch nicht aus Gips.

Es wallten die Locken Ihr, prächtig und blond
oder auch grünlich, wenn Sie - sehr gekonnt -
eine Spinatkur schmiert in die lockige Pracht.
Stips darauf: „Haar-Monika, na dann gute Nacht."

Sie nahm ihm sehr krumm - diese Form „Haarmonie"
und verschwand über Nacht, niemals mehr sah er Sie.
Junker Stips wendet ab sich: „Es geht ohne Sie."
und meint andern Tags: „Nie mehr hege Moni!"

Die großen Probleme der Menschheit

Die großen Probleme der Menschheit sind:
Arschgesichtigkeit, Patriarchat, Matriarchat
und Demokratie.

Zusatz:
Wieso eigentlich Patriarchat, Matriarchat und
Demokratie???

Würg-Aholik

Das größte Problem war immer für mich, nichts zu tun
zu haben. Es ärgerte mich maßlos. Aber: Das Problem
habe ich durch Nichtstun inzwischen auch gelöst.

Sehr feinfühlig verstecktes Kompliment

Du bist das schönste Mädchen: Weit und breit... .

Zusatz:
Nur für Liebhaber solcher Typen...

Tip für Junker Stips

Bevor Dich Deine Gegner wieder nerven,
solltest Du sie schnellstens niederwerfen.

Zusatz:
Versuche es mit einem Rittersporn.

Pflichtbewußtsein (Siegmund Freud und ich)

Pflichtbewußtsein ist ohne Nachdenken Dummheit zum eigenen Nachteil. Pflichtbewußtsein und Dummheit zusammen stimmen nachdenklich. Pflichtbewußtsein ist die Ausrede für fehlenden eigenen Willen oder eine im Unterbewußtsein herrschende Angst.

Pflichtbewußtsein tötet den Pflichtbewußten über kurz oder lang, wenn die Pflicht zur Qual von Seele und Körper wird und das Bewußte am Pflichtbewußtsein verdrängt wird, allein durch die Pflicht.

Kaum, daß Einer seine Pflicht gegenüber einem Anderen ernst nimmt, so wird er doch im allgemeinen durch einen Dritten belehrt, wie wenig Erfolg, Glück und Zufriedenheit dies bringe und wie angenehm das Leben ohne diese Pflichterfüllung sei.

Zusatz:
Ist das von mir oder von IHM? Ich glaub, ich muß zum Psychiater!

Eine Freud'sche Fehlleistung:

„Da bin ich ganz meiner Meinung", sagte der Chef zum Mitarbeiter ... oder „Das machen wir wie immer ganz anders!"

Blödheit

Blödheit ist der angeborene Instinkt,
sich vor Arbeit zu schützen.

Elfenreigen

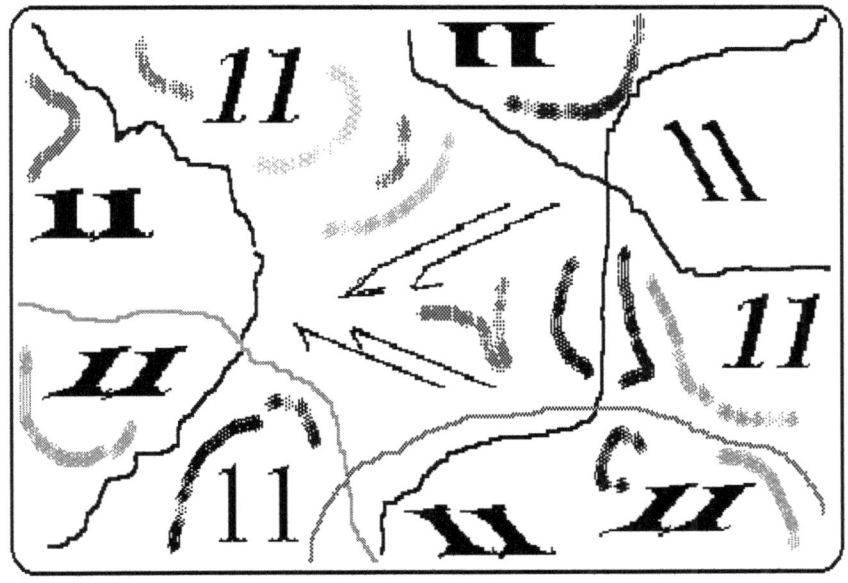

Stips der Ältere, ca. 1994, Leihgabe,

Technik: Datei im Computer (Farbe und schwarz/weiß)

Aus der Kritik zum Werk "Elfenreigen"

Aufgefordert vom Förderkreis „Stips'che Stiftung" -
wieder ein mal und endgültig - etwas Epochales zu schöpfen, bringt uns der Künstler das Werk „Elfenreigen" zur
Ansicht. Zweifelsohne ein bemerkenswertes Werk, daß
sich - anders als viele andere Werke des Künstlers - nicht
nur nicht besonders schnell dem Betrachter erschließt,
nein, ganz im Gegenteil, ihn in den Bann zu ziehen in der
Lage ist, und ihn, über die gesamte Zeitdauer des Studiums des Werkes, sich nicht aus demselben befreien läßt,
so sehr er sich auch müht, dem Charme der Elfen nicht

zu erliegen. Und wahrlich: Anrührend sind Form und Stil der tanzenden Elfen.

Wie aus dem prallen Leben gegriffen, umtanzen mehrere, sich durch differente Figürlichkeit auszeichnende Elfen zwei der im Mittelpunkt befindlichen schrägen Elfen. Was will uns der Künstler sagen?

Zählt man die Elfen im umtanzenden Kreis, gelangt man zur magischen Ziffer NEUN. Diese ist dem Hexeneinmaleins nicht unfremd. So wird der Bogen gespannt von der Mystik des Hexenzaubers, hin zur Realität einer Welt voller Elfen, deren zum Teil abenteuerlichen tänzerischen Beweglichkeit mit derjenigen der kopfstehenden Elfe eine Würdigung angediehen wird.

Ein interessantes Werk des Künstlers, das noch einem weiteren Zauber unterliegt, der uns erst gewahr wird, wenn dieses wunderschöne Bild reproduziert werden soll: Ist nämlich dem Computer ein einfacher Schwarz-weiß-Drucker angeschlossen, so verschwinden, wie von magischer Hand gesteuert, die Farben. Erstaunlich, erstaunlich...

Fell ist in Mode

Agathe spricht: „Modern ist hell,
drum trag ich heute Trommelfell."

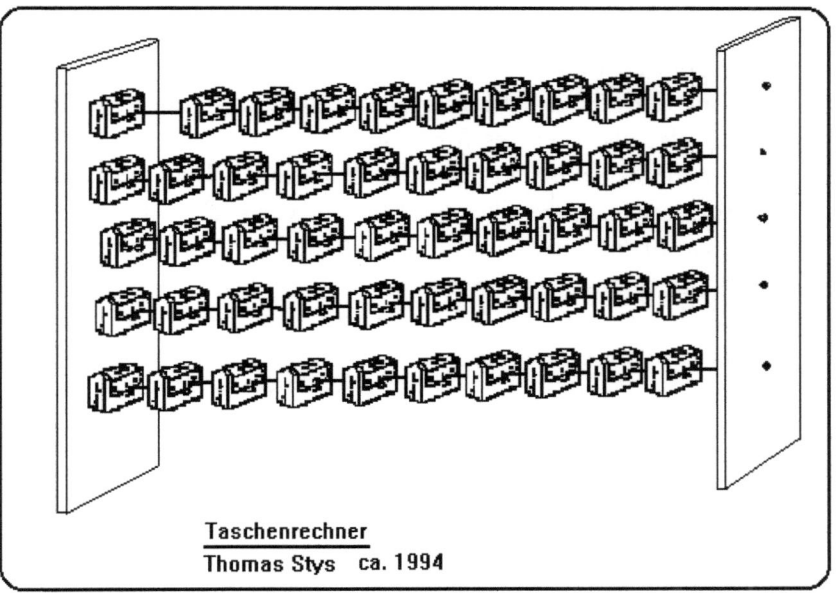

Taschenrechner
Thomas Stys   ca. 1994

Irma

Mit vollem Segel: Bach runter...!

Zusatz:
Manchmal entschuldige ich mich für meine Sprüche auf
sehr angenehme Art. Man muß es nur wollen und mögen.

Englisch für Weggegangene (Run-aways)

In unserem kleinen Englischkurs beschäftigen wir uns heute mit einem Wort, das wir im Englischen bei jeder Gelegenheit benutzen können. Es ist das Wort „put". Das schöne Wort kann mannigfaltige Bedeutungen annehmen. Beispielsweise steht es für „legen".
Die Aufforderung, etwas schnell zu legen bzw. hinzulegen lautet auf „putput". Nicht zu verwechseln mit der Aufforderung, etwas zweimal zu legen oder hinzulegen, die mit „put, put" ausgedrückt wird. Dagegen lautet die Bezeichnung für die Verlaufsform des Legens, also wenn es etwas länger dauert, auf „pudding". Und richtig: Läßt man eine Pudding längere Zeit stehen, verläuft er (leider etwas stinkend, was der Vokabel nicht zu entnehmen ist).

Wir merken uns: Viele englische Vokabeln sind einfach nur dem täglichen Leben abgelauscht. „put", „putput" und „pudding": 3 Vokabeln, die wir uns merken sollten!

Ungewöhnliche Redewendungen der Großbriten

„I'm in a hurry, but Harry is'nt in me."

Zusatz:
Eine gewisse sächsische Intonation entscheidet über die Wirkung dieser Redewendung. Die Schreibweise ist hier, wie so oft im Englischen, belanglos. Wir merken uns:
Viele englische Redewendungen lassen erst durch die sächsische Intonation ihre wahre Bedeutung ahnen. Aber:
Der Großbrite versteht sie nachgewiesenermaßen doch.

Weihnacht

Wieder ist Weihnacht,
doch nichts ist getan.
Alles wie immer!
Die Menschheit im Wahn.

Im Wahn, daß es „mehr" sei,
was sie immer nur brauch'.
Vergessend, die Welt ist
voll Haß, Gift und Rauch.

Sie ist käuflich und einsam,
trotz allem Besitz!
Als ob's nicht genug wär:
Es klingt wie ein Witz:

Das „höchste der Schöpfung"
hat sie selbst sich genannt!
Hör' das teufliche Lachen:
Da lacht ihr Verstand.

Ein neuer Tanzstil: Der Charles-Ton

(Melodie: God save the king)

Di' hab ich nie geliebt,
wenn's auch Gerüchte gibt,
daß ich sehr an Ihr hing:
Gott schütz' Di' Ding!

Seht nur der Windsor Pracht,
wie sie zusammenkracht!
Charles hat - skandalgeprägt -
an ihr gesägt...

Der Berliner

Ick könnte et schon, wenn ick et wollte,
abba ick will et nich, weil ick et eh schon kann..

Mitarbeiter

Mancher Mitarbeiter ist nicht in der Lage, Arbeit zu
delegieren und dies kann einen bleibenden, bis zum Ruin
führenden Schaden für die Firma schaffen.

Übrigens: Bei Managern ist dies noch häufiger zu
bemerken.

Der Machospruch der Woche

Manches Weib mit knackigen Hintern
hat doch keinen Arsch in der Hose!

Goethe:
Was hat er sich nur dabei gedacht?

Über allen Wipfeln ist Ruh'.
An Deinem Zipfel spürest Du
kaum einen Hauch?

Warte nur, balde,
spürest Du ihn auch!

Die letzte frißt

Spürst Du von Osten her öligen Nebel
und galligerweise wird es Dir öbel,
stehst Du genau etwas westlich vom Tresen
eines McDonalds. Wo ein Schloß einst gewesen
steht heute garantiert so eine Bude,
ob in Hanau, in Wien oder in Buxtehude.

Stinkt es nach Altöl in Deiner Straße:
McDonalds ist vor Dir. Gerat nicht in Extase!
Wechsel die Straßenseite, grimmts Dir im Bauch!
Doch nach McDonalds stinkt es dort auch!

Altöl im Wald, in Flüssen und Gassen
ist nur bei den Russen per Dekret zugelassen.
Doch riecht es in Deutschland stickig und tranig,
ist 's nicht der Lufthansa einst stolzer Kranich!
Nein, eine Freßsucht befriedende Bleibe
ermordet Dich fressend bei lebendigem Leibe.

Zusatz 1:
Verzehrst Du eine Juniortüte,
bist Du sicher lebensmüde.
Frißt Du öfter einmal Fritten,
werden schlaff die hübschen Titten.

Frißt Du von einem Pappeteller,
verreckst Du sicherer und schneller.
Ein Kaffee aus der Plastetasse
schmeckt irgendwie nach deutscher Rasse

Zusatz 2:
Fade und öd, nicht mal mit Zucker und Milch zu genießen.
Der Deutsche, ein komischer Vogel:
Am liebsten hat er doch im Schnabel: Plastemesser und
Plastegabel.

Ein Hauch von Freiheit liegt in der Luft

Die Pipeline kracht, ein Feuer brennt.
Der Russe hat ein Leck verpennt!
Ruß und Rauch senken sich nieder
Es brennen meine Augenlider.
Ich reibe sie und werde wach.
Ein Hauch von Ölgeruch? Gemach!
McDonalds gibt's in meiner Straße!
Sein stinkendes Frittenfett traf meine Nase.

An alle Anhänger der Reinen Lehre

Die reinste Leere erlebt man im allgemeinen
nur in seiner Geldbörse. Was lehrt uns dies?

Mancher bezeichnet sich schon als CLEAN-ROOM-
Spezialist, nur weil seine Geldbörse immer absolut leer ist.

Der Feministinnenspruch der Woche

Mancher Kerl mit knackigem Hintern
hat doch keinen Arsch in der Hose!

Die Gefahr an Deiner Seite?

Ja, sie ist neben Dir! Die Gefahr. Und sie ist groß.
Die größte Gefahr jedoch für Dich bist Du selbst,
wenn Du völlig neben Dir stehst.

Heiteres Berufe-Raten mit Junker Stips

Mit saurem Gesicht, gezeichnet vom Alter?
Na sicher: Ein Zitronenfalter!

Rentier von Beruf zu sein?
Das findet mancher nicht sehr fein.
Er würde vor allem geliebt von Lappen,
die oben im Norden Pappschnee pappen.

Sprecher bei der Steuererklärung?
Es wäre gut für Deine Währung!

Statt Daten zu schieben auf eine Bank
sollst Geld Du stapeln in 'nem Schrank.

Am gernsten gefielen Stips immer die Clöwne,
doch hatten diese zu niedrige Löhne.

Zusatz 1:
Machen Se' ma' 'ne diebische Bewegung!

Zusatz 2:
Sächsisch vom Feinsten, gelle!

Berufswunsch

Mancher Vater schöner Töchter wünschte sich, Pfarrer
und Bäcker gleichermaßen gelernt zu haben!
Er könnte dann seine schönen Töchter selbst vermehlen...

Zusatz:
Ich fordere die Revision der deutschen Orthographie!

Hier eine jener Töchter....

Wählerfragen

Neulich fand Junker Stips beim Aufräumen seines Schuhschrankes vier Paar alte Schlappen. Es war nicht unbedingt ein Glück für ihn, denn er hatte nun die Qual der Wahl, welche er denn nun seinen geschundenen Füßen angedeihen lassen solle. Welche Wahl sollte er treffen?

Grund genug für ihn, über die Folgen dieses Falles tiefgründig nachzudenken. Denn: Was würde wohl passieren, wenn Junker Stips ein Paar dieser Schlappen auswählen würde, um mit ihnen durch die lichten Gänge seiner Burg zu stolzieren? Solle er von den Schlappen die ganz schlappen benutzen? Sollte er die starken, festen Schlappen wählen?

Würde man ihn öffentlich ob dieser Schlappenwahl des Schlappen-wahlbetruges oder des schlappen Wahlbetrugs verdächtigen, wenn er das eine Paar Schlappen einem anderen vorzöge? Würde man schon von Bestechung sprechen, wenn doch nur die frei liegenden Drahtösen aus der Sohle des ältesten Schlappenpaares in die Fußsohlen stächen?

Könnten es seine Wahlschlappen auf Lebenszeit werden? Wäre er längerfristig mit seiner Schlappenwahl zufrieden? Oder würde man ihm eine schlappe Wahl vorwerfen, wenn er sich Zeit ließe?

Gäbe es Gründe, die Wahlschlappen näher bezüglich ihrer Herkunft zu untersuchen? Würde man ihm die vier Wahlschlappen irgendwann ankreiden? Wer hat schon vier Paar Wahlschlappen im Schrank? Dieser Reichtum verblüfft angesichts der sonstigen Besitzungen des Junkers.

Natürlich: Erfährt die Presse von dem Fall, könnte es durchaus Irritationen geben, obwohl hm eine angemessene Gage eher von Gefallen wäre. Denn, was kann man schon mit Irritationen anfangen?

Ja, all diese Fragen im Wahlkampf, die Stips sich stellte, waren schon ein Anzeichen für die geistige Überlegenheit des Junkers über seine paar Schlappen. Letztlich hatten die doch zum Thema Wahlschlappe oder Schlappenwahl oder schlappe Wahl ihre Meinung nie geäußert.

Kein Wunder, daß sie nun regelmäßig im Wechsel getragen werden, bis sie kaputt, ausgefranzt und mürbe sind und endlich weggeschmissen werden können. Dann ist die Zeit reif für die Wahl eines neuen Paares Schlappen. Aber: Es wird kaum noch eins gewählt werden, höchstens gekauft: Wenn es denn käuflich ist...

Alternatives Weihnachtsgedicht

Ein wirklich überzeugendes Werk.

Ein Mann zu Weihnacht zu mir spricht:
„Heh, komm erzähl mir ein Gedicht!
Dann rück ich erst Geschenke raus,
denn ich bin nicht der Nikolaus,
der Dir alles in die Schuhe schiebt
und nichts wie seine Rute liebt."

Dann steh ich auf, und denk kurz nach:
'Was war's gleich, was der Alte sprach?
Ich soll ihm ein Gedicht erzählen?
O'ha, ich weis eins! Werd' ihn quälen!'
Und dann erzähl ich die Geschicht,
in der ein Mann zu Weihnacht spricht:

„Heh, komm erzähl mir ein Gedicht!
Dann rück' ich erst Geschenke raus,
denn ich bin nicht der Nikolaus,
Dir alles in die Schuhe schiebend
und nichts wie seine Rute liebend."

Und, wie ich drüber nachgedacht:
'Was hat der Alte grad gesag(ch)t?
Ich soll ihm ein Gedicht erzählen?
O'ha, ich weis eins! Werd' ihn quälen!'

Wie ich erzählte die Geschicht,
in der ein Mann zur Weihnacht spricht:
„Heh, komm erzähl mir ein Gedicht!
Dann rück ich erst Geschenke raus,
denn ich bin nicht der Nikolaus,
der alles in die Schuhe schob!
(Nur seiner Rute galt sein Lob!)"

Zusatz:

...An dieser Stelle verhedderte ich mich in meinem
Gedichtaufsagen derart, daß mir mehr und mehr unklar
wurde, was der Alte gesagt hat. Wie ich ihm wohl begegnet
bin? Letztlich habe ich wahrscheinlich die Schuhe vom
Nikolaus verschoben, der er eigentlich gar nicht war, denn
es war ja schon Weihnachten und da gibt's keine Rute,
höchstens Pute.

Aber auch nur, wenn ich endlich mit meinem Gedicht zum
Ende komme, weil, sonst fragt der mich vielleicht noch
einmal nach einem Gedicht,... Und ich kenne doch nur
dieses eine, in dem ein Mann zur Weihnacht spricht: „Heh,
komm erzähl mir ein Gedicht! Dann rück ich erst
Geschenke raus, denn ich bin nicht der Nikolaus, der Dir
alles in die Schuhe schiebt und nichts wie seine Rute liebt."

Das noch alternativere Weihnachtsgedicht

oder: Die endgültige Lösung des Problems
WEIHNACHTSGEDICHT

Ein Mann zu Weihnacht zu mir spricht:
„Heh, komm erzähl mir ein Gedicht!
Dann rück ich erst Geschenke raus,
denn ich bin nicht der Nikolaus,
der Dir alles in die Schuhe schiebt
und nichts wie seine Rute liebt."

Dann steh ich auf, und denk kurz nach:
nachdenklich
'Was war's gleich, was der Alte sprach?
Ich soll ihm ein Gedicht erzählen?
O, ha, ich weis eins! Werd' ihn quälen!'   hinterlistig

Und dann erzähl ich die Geschicht,   leicht schmunzelnd
in der ein Mann zu Weihnacht spricht:
„Heh, komm erzähl mir ein Gedicht!
Dann rück' ich erst Geschenke raus,
denn ich bin nicht der Nikolaus,
Dir alles in die Schuhe schiebend
und nichts wie seine Rute liebend."

Und, wie ich drüber nachgedacht:
'Was hat der Alte grad gesag(ch)t?   fragend, mehr
Ich soll ihm ein Gedicht erzählen?   nachdenklich
O, ha, ich weis eins! Werd' ihn quälen!'

Wie ich erzählte die Geschicht,   schneller
in der ein Mann zur Weihnacht spricht:
„Heh, komm erzähl mir ein Gedicht!
Dann rück ich erst Geschenke raus,
denn ich bin nicht der Nikolaus,
der alles in die Schuhe schob!
(Nur seiner Tute galt sein Lob!)"   lauter

Auch, wie ich drüber nachgedacht:
'Was hat der Alte mich gefrag(ch)t?   *fragend, mehr*
Soll ich von seiner Gicht erzählen?   *nachdenklich*
Mich gar mit der Geschichte quälen:

in der's Degicht, das ich zerähle,   *verwirrt*
- mit dem ich grad den Weinmann quäle -   *hämisch*
ganz lötzplich mit der Tute robt
und Nicols Klaus in Schuhen probt?
Und ausgerechnet diesem Wicht
muß ich's erklären oder nicht?

Zu Weihnachten gibt's keine Rute,
sondern immer wieder Pute,
aber nur, wenn das Gedicht   *gequält auf Uhr*
schauen
ich zum Ende bring', sonst nicht!

Hoffentlich fragt *der* nun nicht
haßerfüllter Blick
mich noch einmal nach „Gedicht"!
Denn: Ich kenn' nur dieses eine,
zähneknirschend
wohlgefällig kurze, kleine,

in dem ein Mann zur Weihnacht spricht:
„Heh, komm erzähl mir ein Gedicht!
Dann rück ich erst Geschenke raus,
denn ich bin nicht der Nikolaus,
der Dir alles in die Schuhe schiebt
und nichts wie seine Rute liebt."

Rohes freßt!   *Zusammenbruch*

Begriffe, die das Leben schrieb

Äsotherik	Lehre von der Äsung (also von der Kunst, zu Speisen)
Ährenerklärung	landwirtschaftliche Lehre vom Getreide
Assessors	Zur Überprüfung der geistigen Wachsamkeit benutztes Wort in „Kunst und Wissen schafft". Richtig wäre gewesen: „Accessoires"
crescendo	anschwellend (nur musikalisch verwenden!)
Gefälle	(die) mehrere Gefälligkeiten auf schiefer Bahn
Kuvertüre	Schokoladenmasse zum verschließen von Briefen
Reklamieren	Zur Überprüfung der geistigen Wachsamkeit benutztes Wort in „Kunst und Wissen schafft". Richtig wäre gewesen: „deklamieren".
Rederei	dummes Geschwätz
Reederei	längeres dummes Geschwätz
Reeederei	noch längeres dummes Geschwätz
Reeeeeeeeeee...	nicht enden wollendes dummes Geschwätz vgl. Arbeitsberatung oder Dienstbesprechung
RMV	Raub mit Vereinigungsmentalität; Rhein-Main-Verbrecher

Reine Geldfrage

Wohin nur mit all dem Geld, das ich
nicht bekommen, aber verdient habe?

Zusatz:
Am besten wäre die Eröffnung eines Kontos bei der
„Bank für die Gemeine Wirtschaft" oder die Eröffnung
einer „Wirtschaft für die Gemeinen" mit einer Bank, oder
die Abrechnung mit den Gemeinen in einer
Wirtschaftsbank oder so...

Mein Bier reicht nie!

Meine Liebe reicht für zwei,
meine Zärtlichkeit für drei,
meine Klugheit auch für vier!
Was mir nie reicht, ist mein Bier.

Zusatz:
Das ist doch mein Bier, oder?

Was die alles wissen!

Sexuelle Probleme entstehen am ehesten dann, wenn
massiv versucht wird, in die Persönlichkeitsentwicklung
eines Menschen zu dessen Nachteil einzugreifen.

Zusatz:
Stammt nicht von mir. Stimmt aber trotzdem...

Dresdner Lied vom Tresen

Wenn Du noch gerade gehst,
bevor Du am Tresen stehst,
trink doch ein Bier!
Dann sind es vier.

Wenn Du am Tresen stehst,
nicht mehr ganz grade gehst,
trink noch ein Bier!
Sind doch erst vier.

Wank'st Du jedoch am Tresen,
bist Du schön voll gewesen.
Von den paar Bier?!
'S war'n mehr als vier...

Zusatz:
Was hat denn das nun wieder mit Dresden zu tun?
Ach so, es war Radeberger Pilsner oder so...

Wer war Dieter?

Dieter saß hinter mir,
hatte riesigen Ohren,
doch zum Belauschen
war er nicht geboren.

Denn alles was er sehr,
sehr mühsam erlauschte,
war zu nichts zu gebrauchen,
wenn Informationen er tauschte.

Kaum mal eine Prämie,
nicht mal einen Pfennig
gab es auf die Kralle!
Das war ihm zu wenig .

Macht in Versicherungen,
als ich letztens Ihn traf
und war so wie immer:
Ein elendes Schaf!

Hatt' bis heut' nicht verstanden:
Auf dem Weg von den Ohren
hin zum Gehirn,
kommt vieles abhanden,
ist dieses ein Zwirn.
Oder aus Stroh
oder sonst irgendwo...

Belauschen verschaffte
ihm einst erste Sporen,
doch war er dafür
nun mal nicht geboren.

Zusatz:
Der Weg von de Nase zum Gehirn scheint wesentlich
kürzer zu sein als der von den Ohren zum Gehirn, man
sagt ja ziemlich schnell „Ich kann Dich nicht erriechen."
Seltener sagt man: „Ich kann Dich nicht erhören..."

Zusatz 2:
Es gab von den Dietern viele im Haus
und langsam, ganz langsam sterben *die* aus.

Belauschen vom Feinsten, geeignet zum Hassen,
können Dich viel besser noch die Krankenkassen.

Ob *die* oder Banken, Finanzamt, auch Bund:
Du bleibst überwacht, bleibst der blödeste Hund.

Und über den ganzen Datenschmutz,
stülpt man zur Tarnung den Datenschutz.

Gute Nacht.

Traum

Ich hab' vom Paradies geträumt.
Zu schaffen wär's auf Erden!
Doch sind die Menschen, wie sie sind,
so wird nichts daraus werden.

Du hast vom Paradies geträumt?
Zu schaffen wär's auf Erden?
Auch Du bist so, wie Menschen sind!
Mit Dir wird nichts draus werden.

Ehemänner aufgepaßt!

Wenn Deine Frau - ausgestreckt auf dem Sofa liegend -
Dir zuruft: „Liebling, mich stört, daß Du heute wieder
viel zu viel herumliegen läßt.", dann achte auf den
Unterton in ihrer Stimme und auf die Lautstärke!

Weihnachtslied 1994

(gewidmet allen deutschen Waffenhändlern
und Landminen-Produzenten)

Sind die Dichter angezündet,
Freude dringt in jeden Raum,
Menschenfeindschaft wird verkündet
unter jedem Weihnachtsbaum.
Leuchte mir mit großem Schein.
Überall, überall soll'n Kriege sein.

Der deutschen Forschung

Warum erst all die Irrwege in
Forschung und Technologie gehen?

Gebt doch lieber gleich auf.

Zusatz:

Mit besten Empfehlungen an das Bunte
Forschungsmysterium in Berlin. Es wird
mir immer ein Mysterium bleiben, was
die da in der Forschung treiben.

Beamtenüberfall

Grober Unfug wäre es, in ein Büro eines
deutschen Beamten einzudringen und zu rufen:
„Halt, keine Bewegung, ...".

Taschenrechner

Bilder aus der Wissenschaft

Nur echt
mit diesem
Logo!

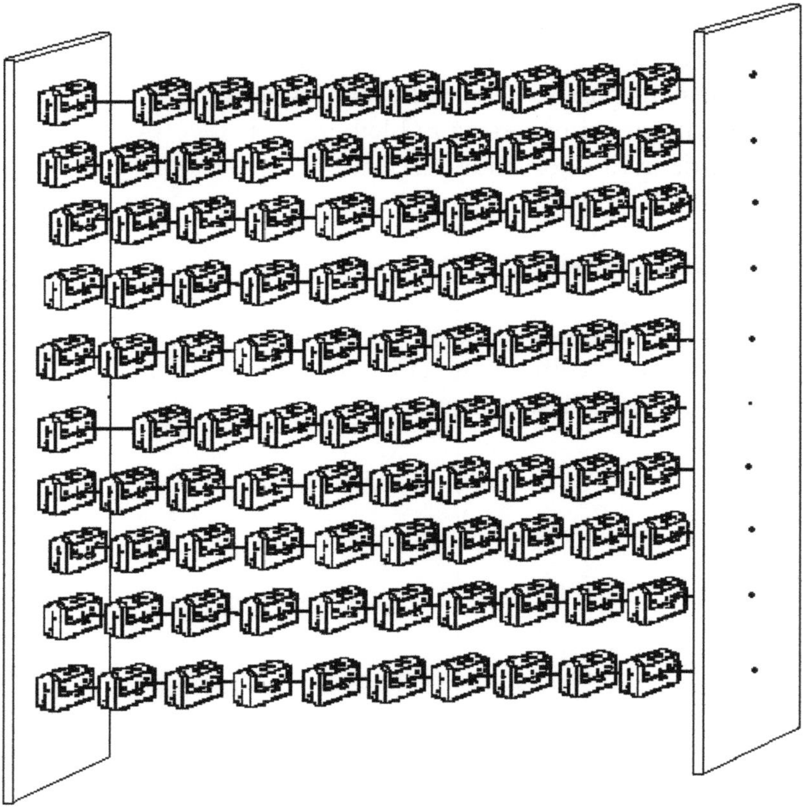

**Taschenrechner 2: Vollversion für den
wissenschaftlich Tätigen**

Stys, Thomas : Der Computerator 1995, Leihgabe

Technik: Bild in Computer

Die Taschen sind auch einzeln im Handel.
Das Set erhalten sie preiswert mit bis zu 50 % Rabatt.

Halt' zu mir

Oh, Liebes, halt doch zu mir,
ich will Dich wiederseh'n.
Oh, bitte halte zu mir,
ich kann Dich schon versteh'n

Dein Leben, es lief anders.
Mein Leben war sehr frei.
Vielleicht war es vergebens,
doch sei dies wie es sei.

Oh, Liebes, halte zu mir,
ich will Dich wiederseh'n.
Oh, bitte halte zu mir,
ich kann Dich gut versteh'n

Die vielen, langen Jahre
gelebt, doch ohne Dich.
Gewußt, daß etwas fehlte:
Ich brauch' Dich, wie Du mich.

In drei sehr kurzen Nächten
hab' ich sehr tief gespührt:
Mein Leben, meine Liebe
ist das, was Dir gehört.

Oh bitte, trau Dich zu mir,
ich will Dich wiederseh'n.
Komm' Liebes, komm vertrau' mir:
Es wird Dir sehr gut geh'n.

Oh, bitte Schatz berühr mich.
Fühl' gern Dich auf der Haut.
Am tiefsten aber spür' ich:
Du hast mir doch vertraut.

Theorie und Praxis der angewandten Problemlösungskonzeption

Introduktion

In der letzten Zeit wird immer wieder von Problemen berichtet, die sich aus dem mehr oder weniger menschlichen Sein ergäben. Nun, solche Probleme sind auch uns bekannt. Natürlich sind die Handhabungstechnologien von Problemen vielfältig. So können Probleme z.b. verdrängt, auf die lange Bank geschoben, vertagt, verraten, benutzt, bearbeitet, Fälle, ausgesessen (im Stile des Großmaulkohls, der Pflanze, gezüchtet für alle Giftmülldeponien), erfragt, erraten, beraten, durchdacht, erforscht, analysiert, verschlafen, nicht gelöst und nicht zuletzt, gelöst werden.

Aus diesem umfangreichen Spektrum haben wir uns nun letztere Möglichkeit ausgesucht, um unserer Forschung einem bewußt engen, den zur Verfügung stehenden Mitteln angepaßten Rahmen zu geben.

In jahrelanger Forschung wurde deshalb von unserem Institut, dem „Institut für die Erforschung der modernen Idiotie und der idiotischen Moderne" - in Zusammenarbeit mit der „Stips'chen-Stiftung" - das Modell einer Problemlösungskonzeption entwickelt, das wir Ihnen im folgenden vorstellen möchten.

Das Problem an sich

Zunächst einmal zur begrifflichen Klärung des Wortes „Problem". Bei dem Wort Problem (grch.->lat.) haben wir es mit zwei bedeutungtragenden Einheiten zu tun, die voneinander abhängig sind.

- PRO oder Pro (wahrscheinlich -> lat.) und

- BLEM oder blem (wahrscheinlich -> grch.).

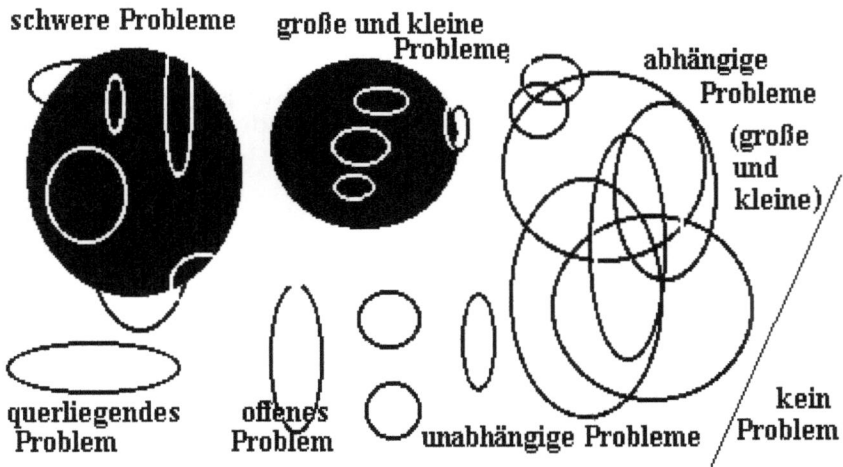

schwere Probleme große und kleine Probleme abhängige Probleme (große und kleine)

querliegendes Problem offenes Problem unabhängige Probleme kein Problem

Bild 1: Die Mannigfaltigkeit von Problemen und Abhängigkeiten im grafischen Vergleich

Hier zeigt sich bereits eine wesentliche Eigenschaft des Begriffs Problem: Es kann GROSS oder KLEIN sein, das PROBLEM. Die Abhängigkeit der bedeutungstragenden Einheiten voneinander muß als relativ einseitig angesehen werden, da zumindest PRO auch allein gesprochen schon recht gut klingt, was man von BLEM nicht im vollen Umfang behaupten kann. Doch diese oberflächliche Betrachtung bringt uns zunächst nicht zum Kern des PROBLEMS. Analysieren wir deshalb zunächst einmal die Wortbestandteile, die wir als begriffliche Zerlegung, nicht als formale Zerlegung auffassen.

PRO: Eindeutig steht dieser simple Wortbestandteil für das deutsche „für" oder „je". Man könnte es Synonym setzen, wenn nicht solche deutschen Ausdrücke wie z.B. „Herrjemineh" dem entgegenstehen würden. „Herrpromineh" klingt einfach nicht gut genug.

75

Das war zunächst relativ einfach. Schwieriger wird die Deutung des Wortbestandteiles „BLEM", den wir in dieser Form z.B. aus dem viel geschändeten Wort „EMBLEM" kennen, das in etwa mit „Sinnbild", „Kennzeichen" u.ä. übersetzt werden kann und das auf die Eigenschaft des „emblematisch"-sein können hindeutet, also des „sinnbildlich" sein.

In der Literatur wird aber, was man - zwar mit Bedenken - aber doch akzeptieren muß, auch auf eine sprachlich geprägte Anlehnung an solche Begriffe wie „Plempe" (dünnes, schlecht schmeckendes Getränk aus dem sehr wässrigen Auszug der gemeinene Kaffeebohne), „plempern" (zum Beispiel: Plempe verschütten) und „plemplem" (bissel blöde sein) hingewiesen.

Im Rahmen der ersten, zweiten und dritten „Althochsächsischen Lautverschiebung", auch „Stips'che Epoche" genannt, wurden einige dieser Wörter mehr oder weniger verweichlicht. So verbergen sich möglicherweise auch solche, den Lebensstil von Generationen prägenden, sächsischen Begriffe hinter dem Wortbestandteil „BLEM" wie z.B.:

- „Blämbe" (Leipzig) oder „Blembe" (Dresden),

- „blämbern" (Leipzig) oder „blembern" (Dresden),

- „blämbläm" (Chemnitz) oder „blemblem" (Dresden),

- selten: „blämblem" (Leipzig)

Insgesamt ergeben sich damit Wortbedeutungen mannigfaltiger Art. Wir zeigen das in der folgenden Tabelle 0. Sie ergänzt praktisch die Aussagen aus Bild 1.

Tabelle 0: Die Mannigfaltigkeit von Problemen bei groß und klein

PRO-BLEM	Sinnbild oder Kennzeichen für oder je
Plempe, Blembe, Blämbe	mieses Gesöff; saufen schlechter Getränke, egal ob in Dresden, Leipzig oder Chemnitz Eindeutig: Das ist ein Problem.
plempern, blembern, blämbern	Außer Plempe kann man z.B. auch Zeit verplempern. Eindeutig: Das ist ein Problem.
plemplem, blemblem, blämblem	Ein bissel blöde sein. „Blöd sein" ist immer ein Problem. „Ein bissel blöd sein" ist ebenfalls ein Problem, wenn auch ein kleineres.

Wir sehen also, der Begriff PROBLEM ist vorwiegend positiv besetzt, zum einen durch das PRO als Für und zum anderen durch das Sächsische, welches zweifelsohne wesentlichen Wörtern der deutschen Sprache erst den notwendigen Gebrauchswert gibt, den die Wirtschaft fordert.

Gleichzeitig steigert dies unser Problembewußtsein. Insgesamt muß man die Zusammenhänge aber doch zumindest mit einer gewissen cognitiven Ignoranz bewerten. So wird allgemein die Meinung akzeptiert, daß PROBLEME lösbar sind. Wie, dazu soll unser Ansatz für eine Theorie einer „ALLGEMEINE PROBLEMLÖSUNGSKONZEPTION" einen Beitrag leisten.

Zu den Grundzügen der Theorie

Die Grundzüge dieser Theorie sind die folgenden 3 Thesen:

1. Probleme sind erkennbar,

2. erkannte Probleme sind lösbar,

3. lösbare Probleme sind keine Probleme im Sinne unserer weiter oben erläuterten Definition.

Wie erkennt und analysiert man Probleme?

Nun, ein Problem erkennt man immer dann, wenn man eins hat. Es äußert sich in jedem Fall mit der quälenden Angst um oder vor irgend etwas, was immer dies auch sei. Probleme kann man in mehrere Klassen, die sogenannten Problemklassen, einteilen.

Wir kennen z.b. die Klassen GROSSE PROBLEME und KLEINE PROBLEME. Aufmerksam machen müssen wir darauf, daß es eine Reihe von Problemen gibt, die man auf den ersten Blick nicht für solche hält, die aber solche sind. Es sind dies die ABHÄNGIGKEITEN. Im weiteren befassen wir uns mit den GROSSEN PROBLEMEN und den ABHÄNGIGKEITEN.

KLEINE PROBLEME werden anschließend Gegenstand unserer Betrachtungen sein.

Zur Behandlung von Problemen

GROSSE PROBLEME löst man zweckmäßigerweise dadurch, daß man sie analysiert. Zunächst ist herauszufinden, ob es sich um ein EINZELNES PROBLEM handelt, ob es sich um mehrere PARALLEL zueinander EXISTIERENDE PROBLEME, gleichberechtigte oder nicht gleichberechtigte (im Sinne von „gleichwertige Probleme") handelt, ob die Probleme ABHÄNGIG oder UNABHÄNGIG voneinander sind. MEHRERE PROBLEME müssen zunächst vorbehandelt werden:

1. Wenn die Probleme voneinander abhängig sind, beschreibt man alle Abhängigkeiten zunächst als selbständige Probleme und bewertet sie nach der Stärke der Abhängigkeit als große oder kleine Probleme. Am Ende dieses Bewertungsprozesses liegen nur unabhängig voneinander existierende Probleme vor. Es ist dies die Normalform des Problems. Man nennt den Prozeß auch: Herstellung der Stips'chen Problem-Normalform.

2. Wenn die Probleme nun voneinander unabhängig sind, bewertet man sie nach ihrer GRÖßE als große oder kleine Probleme.

3. Alle Großen Probleme zerlegt man nun weiter in einzelne, kleine, überschaubare Probleme. Es entsteht in diesem Prozeß für jedes Problem die Stips'chen Minimalformen desselben. Werden dabei im nachhinein Abhängigkeiten sichtbar, sind diese nach Punkt 1 aufzulösen.

4. Alle in 1. bis 3. festgestellten KLEINEN PROBLEME formt man nun in PROBLEMCHEN um, wozu man im allgemeinen die NATÜRLICHE INTELLIGENZ benutzt, sofern sie vorhanden ist. Nach diesem Prozeßabschnitt sollten die Problemchen in den Zustand der in Punkt 3. genannten STIPS'CHEN MINIMALFORM versetzt sein.

5. Nun kann man die Problemchen der Reihe nach lösen, indem man MENSCHLICHKEIT, VERSTAND und HERZ, VERTRAUEN und LIEBE, EGOISMUS und GLAUBEN, WISSEN und TOLERANZ walten läßt.

6. So NICHT LÖSBARE Probleme sind antagonistischer Natur. Sie können, auch bei noch so viel Mühe, nicht mit Erfolg einer Lösung zugeführt werden.

7. VERBLEIBENDE Problemchen löst man durch IGNORANZ, so daß sie wieder zu GROSSEN PROBLEMEN wachsen können, die, wenn der VERLAUF GÜNSTIG ist, auch wieder Abhängigkeiten voneinander entwickeln können, so daß

mit der Lösung der Probleme wieder bei Punkt 1 begonnen werden kann.

Das Verfahren an sich am Beispiel

Für unsere folgende PROBLEMLÖSUNGSKONZEPTION werden zunächst die Ausgangsprobleme zusammengestellt. Sie bilden im folgenden die Zeilen der Problemanalysematrix A.(Tabelle 1) Dabei kennzeichnet ein „+" einen möglichen ZUSAMMENHANG bzw. eine ABHÄNGIGKEIT der Probleme, in welcher Art diese auch immer auftritt.

Die Eintragungen in der Problemanalysematrix A (Tabelle 1) müssen exakt aus der Sicht einer betroffenen Person oder Sache auf ein PROBLEM vorgenommen werden. Auch die ABHÄNGIGKEITEN müssen ausschließlich aus der Sicht der betroffenen Person oder Sache analysiert werden. Diese PERSON soll in unserem Schema z.B. FRAU sein. Später werden wir noch sehen, daß das Schema an sich allgemeingültig ist und auch auf Sachen zutrifft.

Zunächst arbeitet die Versuchsperson für sich die großen Probleme heraus, die sie bewegen. Nehmen wir z.B. an, sie ermittelt für sich das folgende große Probleme:

Das LEBEN entspricht nicht den eigenen Vorstellungen von LEBEN.

Nehmen wir außerdem an, daß unsere Versuchsperson für sich herausgearbeitet hat, daß LIEBE, KIND, GELD, HAUS und TOD PROBLEME darstellen. (Tod ist immer ein Problem. Wenn auch ein lösbares.). Weiterhin sollen zwar

KIND, HAUS und GELD den eigenen Vorstellungen von LEBEN entsprechen, jedoch entsprechen LIEBE und LEBEN nicht den Vorstellungen von MANN und FRAU, höchstens von KIND. Unpassend zueinander sind - rein fiktiv angenommen - GELD und HAUS, d.h. es fehlt immer eins von beiden.

Tabelle 1: Die Problemanalysematrix A

	Mann	Frau	Kind	Geld Haus	Liebe	Leben	Freund
Mann		+	+	+		+	
Frau	+		+	+	+	+	
Kind	+	+			+	+	
Geld/ Haus	+	+				+	
Liebe	+	+	+				+
Leben	+	+	+	+	+		+
Freund		+			+	+	
Summe	5	6	4	3	4	5	2
(1)	0	-1	1	2	1	0	3
(2)	1	0	2	3	2	1	5
(3)	-1	-2	0	1	0	-1	2
(4)	-2	-3	-1	0	-1	-2	1
(5)	-1	-2	0	1	0	-1	2
(6)	0	-1	1	2	1	0	3
(7)	-1	-4	-2	-1	-2	-3	0

| Wert | -1 | -7 | 5 | 11 | 5 | -1 | 18 |

Ergebnisdiskussion:

Die Abhängigkeit der Probleme zwischen Leben, Mann und Frau ist eindeutig. Die Abhängigkeit der Probleme von Kind, Geld, Haus sind weniger definierend.

Kaum oder nur geringfügig abhängig sind die Probleme der Versuchsperson von Freund. Die Möglichkeit der Beeinflussung von Frau durch Freund ist groß, da durch den großen Abstand der Werte „-7" und „18" (entspricht 25 Korr) für Freund ohne viel Mühe eine Reduzierung der Probleme von Frau möglich ist.

Durch die Abgabe von nur 8 Korr wäre es möglich, die Probleme von FRAU in den positiven Wertebereich zu verlagern (zum Korr siehe /1/). Nur Geld und Haus wären noch in der Lage, diesen Einfluß auszuüben ohne negativ zu werden.

Dieser erste grobe Überblick zeigt, daß es mehrere GROßE PROBLEME gibt, die nach Punkt 2 der Problemlösungskonzeption zerlegt werden müssen.

Es sind die großen Probleme Leben, Mann und Frau, die in kleine Probleme zerlegt werden müssen. Die kleinen Probleme Geld, Haus, Kind, Freund werden mit den restlichen kleinen Problemen auf Abhängigkeiten geprüft (Geld und Haus sind in der Tabelle synonym gesetzt.).

Das Problem Tod ist immer eins und wird der Vollständigkeit halber wieder eingefügt.

Tabelle 2: Problemanalysematrix A (Stips'che Normalform)

Wo ist denn das Problem	Mann	Frau	Kind	Geld	Liebe	Leben	Tod	Freund
ungeschickter Mann	+	+	+	+	+	+		+
eingeigelte Frau	+	+	+		+	+		+
geliebte Kinder	+	+			+	+		+
gebautes Haus		+	+	+		+		+
Schwiegermutter	+	+	+	+	+	+	+	
fehlende Liebe	+	+				+		
gespürte Zärtlichkeit		+			+	+		+
angebotener Urlaub		+			+	+		+
kurze Reise		+			+	+		+
fehlendes Vertrauen		+		+	+	+	+	+
unklare Zukunft	+	+	+	+	+	+	+	+
Angst vor Verlust	+	+	+	+		+		+
verschwiegene Träume	+	+			+			+
unterdrückte Lust	+				+	+	+	+
zerstörtes Selbstvertrauen	+	+			+	+	+	+
Sehnsucht nach Liebe	+	+			+	+	+	+

fehlendes Geld	+	+	+	+		+		
Angst vor Betrug		+			+	+		+
20 Jahre falsch gelebt?		+				+	+	+
Egoistisch geworden	+	+			+	+		+
Angst vor der Zukunft	+	+	+		+	+		+
Angst vorm Altern		+					+	+
Angst vor Neubeginn		+				+		+
ferner Freund	+	+	+		+	+	+	+
zärtliche Verführung		+			+	+		+
Angst vor Lust	+	+			+	+		+
verschwiegene Probleme	+	+			+	+	+	+
berufliche Probleme		+				+		+
niemand zum Reden		+			+	+	+	+
Punkte	17	28	9	7	21	27	11	26

Ergebnisdiskussion:

Die stärksten Zusammenhänge ergeben sich hinsichtlich der kleinen Probleme aus der Beziehung von Frau, Leben und Freund. Einen nicht ganz so starken Einfluß haben dagegen die sich aus LIEBE ergebenden, kleinen Probleme. Die von Mann ausgehenden KLEINEN PROBLEME halten sich fast die Waage mit LIEBE, was auf

85

eine eher sehr traditionelle, wenn nicht sogar STOCKKONSERVATIVE Beziehung der Partner hinweist.

Da bedeutet praktisch aber auch, daß sich durch die Beziehung zwischen Frau und Freund LEBEN beeinflussen lassen kann, während durch Liebe nur in beschränktem Maß eine Änderung des Leben von Frau erreicht werden kann, egal ob diese von Mann, Haus und Geld oder Kind kommt. Da aber Mann und Liebe sehr gering zum Problem beitragen, kann es sein, daß Frau mit Hilfe von Freund und Liebe eine Änderung von Leben erreichen könnte und dies als PROBLEM erkannt wurde.

Der Einfluß von Geld und Haus ist demgegenüber unbedeutend, ebenso der Einfluß von Kind. Durch den Einfluß von Freund, Frau und Liebe ist eine Beeinflussung von Leben am wirksamsten möglich, während ein Einfluß von MANN, FRAU und LIEBE nur in sehr begrenzten Maße auf die Veränderung von LEBEN möglich ist. Auf TOD gibt es keine Antwort. Er beeinflußt höchstens LEBEN, wenn auch nachhaltig, nicht aber KIND, HAUS, GELD, MANN der Versuchsperson.

Streicht man nun alle wenig oder nicht beeinflussenden kleinen und großen Probleme einschließlich der ursprünglich aus Abhängigkeiten entstandenen, ergibt sich die gekürzte Tabelle der Probleme in der Stips'chen Minimalform (Tabelle 3).

Diese Tabelle ist urheberrechtlich geschützt, was hier noch einmal ausdrücklich betont werden muß, denn sie ist eines der unmittelbarsten Ergebnisse der Forschungen unseres Instituts, gemeinsam mit der Stips'chen Stiftung.

Tabelle 3: Die Tabelle der Stips'chen Minimalform

Problemzusammenhang Problem	Frau	Leben	Freund
ungeschickter Mann	+	+	+
eingeigelte Frau	+	+	+
geliebte Kinder	+	+	+
gebautes Haus	+	+	+
gespürte Zärtlichkeit	+	+	+
angebotener Urlaub	+	+	+
kurze Reise	+	+	+
fehlendes Vertrauen zu Freund	+	+	+
unklare Zukunft	+	+	+
Angst vor materiellem Verlust	+	+	+
gestörtes Selbstvertrauen	+	+	+
Sehnsucht nach Liebe	+	+	+
Angst vor Betrug	+	+	+
Angst vor „20 Jahre falsch gelebt."	+	+	+
Egoistisch geworden	+	+	+
Angst vor der Zukunft ohne alles	+	+	+
Angst vor Neubeginn	+	+	+
ferner Freund	+	+	+
zärtliche Verführung	+	+	+
Angst vor Lust	+	+	+
verschwiegene Probleme	+	+	+
berufliche Probleme	+	+	+
niemand zum Reden über Probleme	+	+	+

Bei der Herstellung dieser Tabelle ist die Art und Weise der Streichung das Entscheidende. Wir können dieses Verfahren in der Öffentlichkeit nicht ausführlicher erläutern, geben aber zu, daß es grundsätzlich sinnvoll wäre, unseren erotischen Tips aus /2/ zu folgen und in diesem Band aufmerksam auf die Zusätze zu achten. Wir sind natürlich bereit, über kurz oder lang aktiv in den Handel mit Lizenzen einzusteigen und das Know How auf diese Weise zu vermarkten... Aber, sehen Sie sich die folgenden Tabellen selbst an und machen Sie sich Ihr eigenes Bild.

Die Umbewertung

Tabelle 4: Umbewertete Probleme in der Stips'chen Minimalform

Problemzusammenhang / Problem	Frau	Leben	Freund	
gespürte Zärtlichkeit	1	1	1	3
angebotener Urlaub	1	1	1	3
kurze Reise	1	1	1	3
fehlendes Vertrauen zu Freund	-1	0	0	-1
unklare Zukunft	-1	-1	0	-2
zerstörtes Selbstvertrauen	-1	0	1	0
Sehnsucht nach Liebe	1	1	1	3
Angst vor Betrug	-1	0	0	-1
Angst vor „20 Jahre falsch gelebt."	-1	-1	0	-2
Egoistisch geworden	-1	0	0	-1
Angst vor Neubeginn	-1	0	0	-1
ferner Freund	-1	0	-1	-2
zärtliche Verführung	1	1	1	3
Angst vor Lust	-1	0	0	-1
verschwiegene Probleme	-1	-1	-1	-3
berufliche Probleme	0	0	0	0
niemand zum Reden über Probleme	-1	-1	-1	-3
Summe	-6	-1	-3	

Die Ergebnistabelle bewerten wir neu, indem wir, von einer optimistischen Lebenshaltung ausgehend, die Lösbarkeit der Die KLEINEN PROBLEME einschätzen. Eine negative Formulierung wird dabei mit einer negativen

Punktzahl bewertet. Eine positive Formulierung aus der Sicht der Versuchsperson wird positiv bewertet. Zuvor werden jedoch die ursprünglichen KLEINEN PROBLEME, die sich aus Abhängigkeiten ergeben hatten, aus der Matrix entfernt, weil die Grossen Probleme, die sie zur Grundlage hatten, nicht mehr existieren, wie z.B. Mann, oder nichts mit der Problemlösung zu tun haben, wie z.B. Geld und Haus.

Ergebnisdiskussion

Die Zeilensumme 0 (Null) deutet darauf hin, daß die PROBLEME nicht wirklich existieren. Die Zeilensumme 3 deutet auf einen großen Anteil am PROBLEMLÖSUNGS-PROZESS. Die negativen Zeilensummen in der Tabelle 4 weisen auf tiefer gehende Probleme hin.

Mulipliziert man die negativen Elemente der Matrix mit -1 ergibt sich praktisch auch schon die Lösung. Die Zeilen mit dem Ergebnis 0 werden weggelassen.

Wir geben zu, daß diese Form der Matrizenrechnung zunächst etwas unkonventionell erscheint. Aber der Erfolg der Berechnungsmethode gibt uns in der Annahme recht, daß es durchaus auch in der modernen Mathematik noch Freiräume für neue Methoden, Algorithmen und Verfahren gibt. Etwas Mut gehört natürlich dazu, ebenso wie ein gewisses Durchsetzungsvermögen. In der abschließenden Gewinn- und Verlustrechnung in Tabelle 5 wird überzeugend demonstriert, wie wertvoll unsere Forschungen sind und wie leicht sie auf beliebige Problemkreise angewandt werden können.

Tabelle 5: Gewinn- und Verlustrechnung

Problemzusammenhang / Problem	Frau	Leben	Freund	Zeile
gespürte Zärtlichkeit	+1	+1	+1	+3
angebotener Urlaub	+1	+1	+1	+3
lange Reise	+1	+1	+1	+3
Vertrauen zu Freund	+1	0	0	+1
klare Zukunft	+1	+1	0	+2
Sehnsucht nach Liebe	+1	+1	+1	+3
keine Angst vor Betrug	+1	0	0	+1
mindestens 20 Jahre richtig leben	+1	+1	0	+2
Egoismus vertrieben	+1	0	0	+1
keine Angst vor Neubeginn	+1	0	0	+1
naher Freund	+1	0	+1	+2
zärtliche Verführung	+1	+1	+1	+3
Lust	+1	0	0	+1
besprochene Probleme	+1	+1	+1	+3
Reden über Probleme	+1	+1	+1	+3
Summe	15	11	8	32

Damit sind die wesentlichen Anteile am Problemlösungsprozeß herausgearbeitet und, folgt man den Zahlenwerten der Größe nach, ist auch die Reihenfolge der anzugehenden Problemlösungen bestimmt. Die Interpretation der Zahlenwerte führt zu dem Schluß:

FRAU -> LEBEN -> FREUND.

D.h., Frau muß sich über ihr Leben klar werden, wobei Freund helfen kann, jedoch ist der Problemlösungswert dieser Hilfe durch Freund geringer, als der Problem-

lösungswert von Leben, welches deshalb zunächst nach-
haltig verändert werden müßte.

Natürlich können kleinere Probleme aus dieser letzten
Tabelle zu widerwärtigen doppelten Negationen
mutieren. Zunächst ist es dann angebracht, diese
Probleme zu KLEINEN PROBLEMEN zu degradieren.

Notfalls müssen sie zu PROBLEMCHEN deklassiert
werden und sind dann nach Punkt 5 unserer universellen
Problemlösungskonzeption zu behandeln, was auch der
Ausgangspunkt für weitere Diskussionen sein sollte. Und
waren Sie einen Moment, vielleicht haben sich Ihre
Problem gerade von selbst gelöst.

Wir danken für Ihre Aufmerksamkeit

Ihr Prof.-Dr. P. Sycho-Terror (IFEMI, STIPS-STI)

P.S.: In unserem nächsten Beispiel nehmen wir uns die
Problemlösung aus der Sicht von HAUS und GELD vor.
Dabei sollte schon von vornherein klar sein, daß FRAU
für HAUS völlig uninteressant ist, ebenso wie FRAU für
GELD. Doch: Wirklich berechenbar ist auch das... .

/1/ Theorie und Praxis der Angewandten
Korruptionsmethodologie. - In: Mein Leben im Fettnapf. -
3. überarb. Aufl. / Thomas Stys. - thomaralex, 2000. - 182
Seiten
(Aphorismen, Afforeien, Blöde Lieder, Blöde Laien. Band
II)
ISBN 3-8311-0943-5

/2/ Stys, T.: Seitenhiebe, Nebentriebe, Blödeleien und etwas
Liebe. - 3. überarb. Aufl. / Thomas Stys. - thomaralex,
2000. - 186 Seiten
(Aphorismen, Afforeien, Blöde Lieder, Blöde Laien. Band I)
ISBN 3-8311-0106-X

Klein-Ode an die Kunst

Wie Uri Geller Löffel biegen,
wie Schweinchen Dick vor Freude quieken,
wie Erhardts Heinz die Verse schmieden:
Ach, wär mir dieses je beschieden.
Das wäre wirklich große Kunst.
Bei mir wird jeder Vers verhunzt.

Wie Goethes Wolfgang Sprüche klopfen,
so schön wie Mama Socken stopfen,
den Reim auf Memphis nicht gemieden:
Ach, wär mir dieses doch beschieden.
Das wäre wahrlich große Kunst.
Bei mir wird jeder Vers verhunzt.

Wie einst die Callas tirilieren,
So wie Madonna parodieren (!),
und nie ein Thema je vermeiden:
Ach, wär ich nur nicht so bescheiden.
Das wäre sicher große Kunst.
Bei mir wird jeder Vers verhunzt.

Wie Morgenstern den Fisch bedichten,
wie Reich-Ranicky Bücher sichten,
auch nie am Fleiß es fehlen lassen:
Ach, gäb es nie 'nen Grund zu passen.
Das spräche doch von großer Kunst.
Bei mir wird jeder Vers verhunzt.

Wie Kästner einst die Feder schwingen,
wie Meyer 's Fensterleder wringen,
auch mal das Lied vom Stumpfsinn singen:
Ach, könnt' mir dieses je gelingen.
Das wäre höchste Form von Kunst.
Bei mir wird jeder Vers verhunzt.

Wie BILD die Überschriften wählen,
mit neuen Steuern Bürger quälen,
wie Otto Waalkes Filme machen
und über all das herzlich lachen.
Das wäre wahrhaft Lebenskunst.
Bei mir wird jeder Vers verhunzt.

Wie Christo Stoff um Häuser wickeln,
mit Dir mal spüren - jenes Prickeln - ,
wie Luther „gottverdammich" fluchen,
vielleicht noch retten: die Eunuchen.
Das wäre, mein ich, größte Kunst.
Bei mir wird jeder Vers verhunzt.

Erraten, weshalb Du verschwund'st,
nicht Rauchen, nie mehr blauer Dunst,
Geld, Haus und Hof, auch Frauen ehren
und dennoch Ärger nicht vermehren:
Das sei, so sagen viele, Kunst.
Bei mir wird jeder Vers verhunzt.

Hinweis:

*Am Ende dieses geistreichen Werkes befindet sich ein Vorrat an
Refrains, die der liebe Leser bei passender Gelegenheit frei verwenden
kann.*
Er sollte aber eine Kopie an mich schicken. Ich krieg so gern Post!

Ihr Diether Klein-Ode

Junker Stips im Streitfall

Lag Junker Stips mit sich im Streite,
wurd's ihm im Harnisch bitter. Vorn,
an seines Helmes linker Seite,
trug er dann einen Rittersporn.

Das stimmte, kam *der* auf ihn zu,
den Gegner sehr schnell friedlich.
Der schaut ihn an und meint: „Ach, Du,
was bist Du wieder niedlich!

Merke:

Rittersporn
am Junker vorn
stimmt gewöhnlich
versöhnlich.

Aber:

Trägt eine Färse vorn ein Horn,
ist das noch längst kein Fersensporn.

Hinweis:

Für diesen Vers, der nicht bestellt,
gab unser Junker Fersengeld.

Weitere neue Lieder (braucht das Land)

Müller' Marius aus Westernhaken beschreibt
die Folgen einer glücklosen Scheidung in
seinem Lied „Willenlos" wie folgt:

„Oh, Mama, was ist mit mir los,
Frauen gegenüber werd' ich Villen los..."

Peter Alexander
(ja, etwas für die ältere Generation haben wir auch auf
Lager) sang z.B. den folgenden, etwas bearbeiteten Schlager:

Ich zähle täglich meine Korken,
denn ich lieb' sie sehr,
Sind es mehr am Morgen,
freue ich am Tag so sehr.

Ich zähle täglich meine Korken,
denn Rotwein lieb ich sehr!
Kaum gibt's was gegen Sorgen,
das schneller hilft als er... .

**Im Unterschied zur landläufigen Meinung, daß
neuerdings das Aus der bildenden Kunst folgt, folgt
nun ein neues Dings aus der bildenden Kunst.**

Taschen-Geld-Grabscher

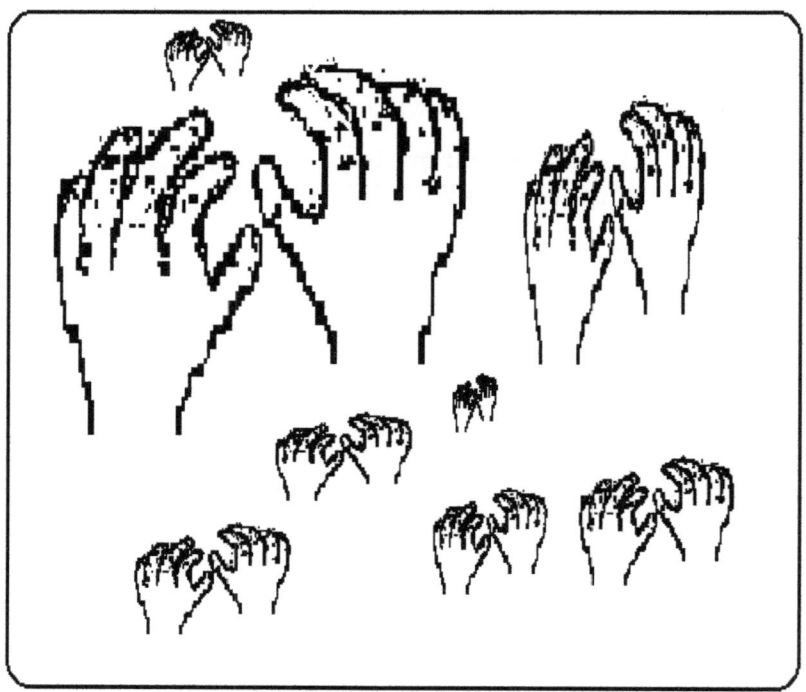

Hände, die nach D-Mark grapschen

Thomas Stys, 1995, Leihgabe, Bild in Datei

Aus der Kritik

In seinem neuesten Werk verbindet der Künstler die Sehnsucht nach dem großen Geld, das schnell ergrapscht sein will, mit dem, in der Ausdruckskraft der Hände verborgenem Wunsch, daß es nicht gerade sein Geld sein sollte, das die grapschenden Hände erhaschen... Und richtig, es ist kein Geld, weder Mark noch Groschen oder gar Pfennig im Bild zu sehen... Das geht durch Mark und Bein.

Wir sollten diesen Umstand dahingehend deuten, daß wohl der Alptraum des weggegrapschten Geldes für den Künstler Wahrheit wurde. Vielleicht sollten wir ihm eine Spende zukommen lassen...

Eine absetzreiche Steuererklärung wünscht Ihnen Ihr Kulturkritiker

Prof.-Dr. Bildermann.

Junker Stips und seine zwei Mädchen

Stips fand in seinem Frühstücksappel
zwei kleine Mädchen. Das war ein Gezappel.
Eisern an Nerven hat er kurz nur gezuckt
und den Rest Appelbissen in die Ecke gespuckt.

Stips ruft noch „Fangt als Schwerverbrecher,
den gottverdammten Appelstecher!"
Darauf zu Moni und zu Gunilla
spricht leise er: „Her mit Tequillja!"

Zusatz:
Mädchen in Äpfeln sind nicht Stipsens Fall.
Mädchen mit hübschen Äpfelchen schon eher...

Gegessen

Du hast Dich, deutlich ausgedrückt,
heut' kräftig überfressen!
Du meinst jedoch, Du hättest nur
mal wieder was gegessen.

Zusatz:
Stimmt. Satt sein ist relativ. Satt haben ist absolut.

Kaum das Du lebst

Kaum das Du lebst, wirst Du beschissen:
Du mußt die Muttermilch vermissen.
Hast keine Zähne, auch keine Haare,
so wie der Opa da auf der Bahre.

Dann hat sich die Natur entschlossen:
„Dem geb' ich prima Sommersprossen!
Und eine Haut, die voller Pickel
und Strapse auch, jedoch mit Zwickel."

Die Zeit vergeht Dir wie im Flug.
Du wirst aus dieser Welt nicht klug.
Haare - auch Zähne - kommen und geh'n.
Zuletzt wirst auch Du wie der Opa aussehn.

Geschäftsessen

Beim Hochgenuß eines Rinderbraten
will ich Dir gern zum Printer raten.
Nur: Knödel in der Speiseröhre,
ich später auf der Reise spüre.

Stipsens Wochenendausflug

Wo Stips mit seinem Rade war,
war'n Radfahrpfade leider rar.
Es half ihm auch kein Regenguß,
wie mancher meinte, gegen Ruß.

FCKW und Stickoxid,
dem Stipsen in die Glieder zieht.
Ozon gab's noch und nöcher,
verursacht durch Arschlöcher.

Wenn De' Ergebnisse suchst, wirst De' sie finden...*

...von der Freiheit des Einzelnen, etwas zu tun oder nicht, hin zur Freiheit, nichts tun zu können ohne Geld...

...von der Überwachung durch die Staatssicherheit hin zur Überwachung durch Finanzämter, Banken, Krankenkassen, Versicherungen, Lottovereine, Versandkaufhäuser, Nachbarn, Vermieter, Vermietervereine, Mieter, Mietervereine, Mitarbeiter, Chefs usw...

...von der politischen Korruption hin zur Korruption auf D-Mark-Basis...

...vom nicht Reisen können aus politischen Gründen hin zum nicht Reisen können aus Gründen materiellen Mangels...

...von der Jagd nach einem Handwerker hin zur Jagd eines Handwerkers auf Dein Geld...

...von Deiner eigenen Meinung über persönliche Freiheit hin zur Freiheit Deiner Meinungsäußerung, die keinen interessiert, weil man von Dir nichts absahnen kann...

...von einem beziehungsgeprägten Menschenrecht hin zu einem von Geld geprägten Beziehungs-Bundesrecht...

...von der totalen Katastrophe hin zur ökologischen, atomaren, konventionell-kriegerischen, europäischen, weltweiten und währungspolitischen Katastrophe...

...von einer schlechten aber bezahlbaren Wohnung hin zu einer schlechten, aber nicht bezahlbaren Wohnung...

... von dem zu schwach geratenen Versuch von Freiheit, Gleichheit, Brüderlichkeit hin zum praktischen Sein in Freizeit, Gleitzeit, Brütergefährlichkeit...

...von der Wahlfälschung zum falschen Wahlversprechen...

...vom stolzen Pickel im Gesicht des schuftenden Arbeiters hin zum schuftigen Pickel am Arsch der Gesellschaft...

...vom Selbstbetrug hin zum selbst Betrügen...

...vom Bespitzeln aus Dummheit hin zum Bespitzeln aus finanzieller Gier...

...vom dummen Arschel zum toten Barschel...

...vom politisch Betrogenen hin zum betrügenden Politiker...

Das ist nun Deine Freiheit.

Doch vieles ist auch besser geworden und man sollte dies nicht leugnen.

So flossen z.B. mehr als 12 Milliarden D-Mark an Hilfe für den sogenannten „Aufbau Ost" direkt in die Taschen von ebenfalls sogenannten „Ost-Investierern".

So wurden mehr als 4 Milliarden D-Mark an „Grundmitteln" unmittelbar aus den Ost-Ländern herausgeholt (innerhalb der ersten acht Monate nach den letzten Ost-Wahlen) und flossen in Kanäle, die sich bei näherem Hinsehen als die Privatkonten dubioser Waffenhändler herausstellten.

Außerdem gelang es mit einem relativ geringen Aufwand an Deutschen Mark, die in Deutschland befindlichen Russen in ihre Heimat zurück zu schicken, ausgestattet mit einem Grundkapital, das nach wie vor auf der Deutschen Bank liegt und die finanzielle Erstausstattung der Russenmafia gewährleistete. Der größte Bluff waren aber Zahlungen, die direkt an die in Deutschland stationierte Generalität gingen. Es stellt sich die Frage, wer den zweiten Weltkrieg nach 50 Jahren nun doch verloren hat.

Die Schwarzgeldkonten an DDR-Mark der russischen Soldaten und vor allem der Generalität wurden über eine eigens dafür gegründete Bank der Russischen Streitkräfte in DM umgetauscht, ohne daß es in irgendeiner Weise zu Bestrafungen für den verbotenen Besitz von DDR-Mark gekommen wäre.

Diese Bank und deren erste Angestellte sowie die Besitzer der Namenslisten der Konten-Umtauscher bilden seit längerer Zeit die erste Reihe der Russen-Mafia, die heute international agiert. Außerdem entstand so und durch eine Reihe weiterer krimineller Vergehen die Grundlage des offenen Faschismus in Rußland.

Insgesamt wurden 6 Milliarden DM rübergereicht und davon 4 Milliarden DM direkt in die Verfügungsgewalt der russischen Generalität übergeben (Schmiergeld, damit die die Schnauze halten über die Zustände).

Wahrlich: Eine Serie von großen Ergebnissen und Erfolgen.

Deutsche Bank, wir folgen Dir. Kanzler, wir folgen Dir. So, wie Du der Deutschen Bank folgtest.

Zusatz:
Und Marx hatte doch Recht: Die Moral einer Epoche ist immer die Moral der herrschenden Klasse. Man muß die Marx'schen Methoden anwenden, um die Welt zu begreifen, nicht die daraus abgeleiteten Dogmen.

* De' ist eine zutiefst sächsische Prägung des Personalpronomen „Du" und kommt nur in Tolkewitz ** vor.

** Tolkewitz ist ein unbekannter Stadtteil von Dresden.

Blödheit regiert und alle machen mit

Da, wo die Blödheit streng regiert,
hast Du schon immer hingehört.
Wie? Du konntest nicht überall sein?
Ach. Das schränkt Deine Blödheit ein?

Zusatz:
Finden Sie für Blödheit ein anderes Wort, z.B. Freiheit.

Junker Stips und die Miß-Wahl

Im Land des Junkers war dies üblich:
Vier Jahr' regieren. Nur, betrüblich:
Einmal gewählt, läßt sich bei Zeiten
der nächste Wahlsieg vorbereiten.
Zumal: Wer siegt, füllt sich die Kasse
mit Wahlkampfsteuererstattungsmasse.

Nach Wahlversprechen vieler Art
wird unsres Junkers Leben hart.
Auch spürten viele, wie der Junker
die dummen Sprüche, das Geflunker:
„Des Staates Umbau sei sozialverträglich.",
gilt nicht für sie, und dieses täglich.

Der Industrie und Bänker Willen
sind ohne Murr' - man - zu erfüllen.
Gewerkschaft ist zu korrumpieren.
Soziales schnellstens einzufrieren.
Und mindestens ist einzuschränken,
daß andre Leute anders Denken.

Dazu sind nur 3 Jahre Zeit,
dann ist es wieder mal soweit,
den nächsten Wahlkampf einzuleiten
und mit Parteien sich zu streiten,
was es an Fortschritt hat gegeben
in eines jeden Gewählten Leben.

Der Fortschritt, den man festgestellt:
Man hatte endlich richtig Geld.
Und 'ne Pensionsberechtigung,
'ne neue Frau, noch ziemlich jung,
'nen Posten: den im Aufsichtsrat
von einer Bank - gehört dem Staat -
lebt völlig frei und ungezwungen,
und darf nach Brüssel: Gut gelungen!

Da gibt es noch mehr Geld und Spesen,
sonst, war an Fortschritt nichts gewesen.

Dem Wähler wird nun endlich klar,
daß seine Wahl eine Mißwahl war.

Zusatz:
Der Junker kannte noch, zum Glück,
die üble Form der Politik.
Er kandidiert und läßt sich wählen.
Dann wird es ihm an nichts mehr fehlen.

Er kauft, vom Schmiergeld, das er gern sieht
ein riesen Ding, mit dem man Fernsieht.
Nicht klar, nicht weit, das wär zwar wichtig,
doch Geld gibts auch in Talkshows richtig.

(Derweil der Schwarzgeld-Kontostand
ihn mit der Bauwirtschaft verband.)

Zusatz:
Abräumen ohne Aufzuräumen.
Dieses Motto sollten wir und merken.

Eine kürzest mögliche Beschreibung:

Bei der genaueren Betrachtung des gegenwärtigen Zustands Deutschlands, der Wirtschaft und der Politik komme ich immer häufiger zu dem Ergebnis:
Deutschland leidet mehr und mehr an Inkontinenz!

Kein Wunder, wenn man die ganze Scheiße sieht und hört, die täglich von Politikern und Wirtschaftsbossen abgelassen wird.

Verse zum Abgewöhnen

Mehr als ich Dich liebe,
hätt' ich Dich gebraucht.
Mehr als es mir gut tat,
habe ich geraucht.

Wollt' Dich nie gebrauchen.
Liebe Dich noch immer.
Doch das mit dem Rauchen
wird - verdammt - noch schlimmer.

Sollte beides lassen.
Komm' sonst unters Messer.
Krieg ich Dich zu fassen
wär's für Dich auch besser.

Zusatz:
Nicht nötig.

Hoffnung befürchtet

Manchmal ist es mir lieber,
in meinen schlimmsten
Befürchtungen bestätigt zu sein,
als in meinen größten Hoffnungen
enttäuscht zu werden.

Loblied der Gastronomie

Wir sehen Steaks auf Fliesen liegen,
weil Kellner sie dorthin ließen fliegen.
Ein Gast wird diese miesen kriegen,
die selbst die Fliegen liegen ließen.

Es muß wohl an den Fliegen liegen,
die Steaks auf Fliesen liegen ließen,
statt diese fliegend zu genießen,
daß Gast und Wirt nun Krisen kriegen.

Merke:
Kellner sind immer unschuldig
an der Qualität der Gastronomie...
Schuldig sind nur die Fliegen.

Bekenntnisse eines Hochgablers

Ich kann mich so blöd stellen, daß man sich manchmal
überhaupt nicht sicher ist, ob ich so blöde bin oder ob ich
mich nur so blöd stelle...

Zusatz:
Manchmal weiß ich es selbst nicht.

Telefon, man

Ruf'st Du mich an, träum ich von Dir
in etwa sieben Tage.
Dann wach ich auf und spür Dich nicht,
so wird der Tag zu Plage.

Kein Kuß, kein streicheln Deiner Hand,
das mir das Herz könnt' weiten.
So muß am Ende mein Verstand
die nächsten Schritte leiten.

Doch der hat ausgerechnet sich
verflüchtigt, denn auf's Grauen,
von dem gesagt wird: „So schlimm nich'!"
will der partout nicht schauen.

Und kehrt er nicht zurück,
ist das vielleicht mein Glück.

Zusatz:
Lieber gehör' vom Verstand her zu Blöden,
als so von Herzen her dauernd in Nöten.
Oder umgekehrt ... oder was denn nu'???

Frühling in Frankfurt

Der Henninger-Turm ist renoviert
und überall wird Frühling.
Hast Du's bei Dir noch nicht gespürt,
hilft Dir nun auch kein Peeling.

Freiheit

Eins solltest Du wissen,
wo auch immer und wie:
Hast Du *sie* nicht beschissen,
beschissen Dich *die*.

Ach Gott ja, kleines Arschloch,
spürtest Du nie:
Hast Du *sie* nicht beschissen,
beschissen Dich *die*?

Nur Du, O.J. Simpson,
Du wußtest es schon.
Hast *sie* alle beschissen.
Nun ist Freispuch Dein Lohn.

Zusatz:
Kauf Dir doch einen kleinen Advokaten,
willst Du zum Wochenend raus...

Noch ein Zusatz:
Verdient man reichlich Geld mit Sport,
dann lohnt sich allemal ein Mord.
Doch eines vegiß nicht,
Nein, vergesse es nie!
Hättst Du *die* nicht beschissen,
dann beschissen Dich *die* ...

Armer, unbelesener Bürgerrechtler

Die Freiheit, mein Lieber, an die Du geglaubt,
die hat man längst Dir wieder geraubt.
Man gab Dir kurz Zeit für den Hauch von dem Duft,
von dem man gesagt, es sei freiheitlich' Luft.

Man lies Dir von dem, was jetzt Freiheit bedeutet,
kotzgroße Brocken, die zuvor man erbeutet.
Nur in wenigen Fällen gab man Dir etwas Geld,
in der Hoffnung, daß Dir Deine Schnauze zufällt.

Und es hat funktioniert: Über allem herrscht Ruh',
Deine kindischen Träume mußtest austräumen Du.
Hättest mehr lesen müssen!
Lesen schärft den Verstand.
Denn es stand da geschrieben,
schwarz rot gold auf der Hand:

„Ein jeder Teufel fängt, gerät er in Not,
lästige Fliegen, um schnell sie zu kriegen,
bevor man ihn hängt, mit dem Arsch an der Wand.
Deshalb wird er siegen, denn dann sind die tot."
Ja, letztlich hättest Du doch wissen müssen:
Du warst, Du bist und Du wirst immer beschissen.

Zusatz:
Die große Politik ist nie meine Sache gewesen,
aber ich glaube, sie war, ist und wird auch nie
die, der real existierenden und regierenden Politiker
sein...

Lob der Schreibfaulheit

Ich müßte Dir mal schreiben,
doch - mein Problem ist - „Was?".
So laß ich's lieber bleiben
und schreibe Dir nur das.

Ich hätte Dir mal schreiben sollen,
von Herzen - ohne grollen -,
doch mein Problem ist: „Wie?".
Drum schreib ich lieber nie.

Ich hätte gerne Dir geschrieben,
ich würde Dich noch immer lieben,
doch weiß ich nicht recht: „Wo?".
Drum schreib ich Dir nur so.

Zusatz:
Kann auch „Lob der Trägheit" überschrieben werden.

Philosphie des Alters

Die ursprünglichen Gedanken der großen Philosophen
des Altertums über die Freiheit des Menschen gingen
nicht davon aus, daß der Mensch in seinem intellektuellen
Selbstverständnis dort verbleiben würde, wo er sich zu
Zeiten des Beginns der Evolution befand.

Zusatz:
Wieso eigentlich nicht?
Sie hatten doch sich selbst als Beispiel?

Seinen Mann stehen

Er: „Je mehr ich Dich in mir fühle, um so mehr
   kannst Du mich in Dir fühlen."
Sie: „Je öfter ich Dich in mir fühle, um so öfter
   fühle ich mit   mir..."

Zusatz:
Aber das hat der Alte nicht verstanden.

Ein Mensch

(gewidmet Eugen Roth)

Ein Mensch singt übers Katzeklo
und meint, das macht die Menschen froh.
Im Falle dieses Falles
war das dann auch schon alles.

Zusatz 1:
Es lebe der Berliner Fernsehturm
mit Helge Schneider an der Spitze.

Zusatz 2:
Was auch dem schrägen Typ passiert,
in jedem Fall wird abkassiert.

Zusatz 3:
Auch dieser etwas schräge Typ
hat nichts als wie sein Konto lieb.

Lied des dritten Autofahrers

(am zweiten
Schlagloch in der Fußgängerzone)

Heut fahr'n wir durch den See, durch den See,
Heut fahr'n wir durch den ...
Heut fahr'n wir durch den See, durch den See,
Heut fahr'n wir durch den See.

Mit unserm Lamborghini, ghini, ghini, ghihini,
mit unserm Lamborghini...
Die Tür geht nicht mehr...aaaaa... blubb, blubbb...

Ode an die Fensterbretter

Oh, Brett, Du Brett der Bretter
ganz gleich, ob Du aus Fichte bist,
ob fein gesägt, ob grob,
am aller, allerbesten bist
Du Zierde für 'nen Kopp.
Dann gibst Du Halt bei jedem Wetter.

Ob Sperrholz oder balsaweich
ob Dünnbrett oder dick:
Seh' ich schon aus der Ferne Dich,
verheisest Du mir Glück.

Den einen Wunsch nur hege ich:
Will Arbeitgeber sein!
Dann stellte ich nur Arbeitnehmer
mit Dir vorm Koppe ein.

Vielleicht auch Fans der Bretter.

Schon wieder schreibfaul?

Was wollte ich Dir nur schreiben?
Vielleicht, wie es mir geht?
Das laß ich lieber bleiben.
So kommt's, daß nichts hier steht.

Lob des Wildwechsels

(Lied des zweiten Autofahrers)

Heut' fahr'n wir übers Reh, über's Reh,
heut' fahr'n wir übers ...
Heut' fahr'n wir übers Reh, übers Reh
heut' fahr'n wir übers Reh.
Mit einem Lada Niva, Niva, Niva, Nihiva,
der liegt jetzt etwas tiefer   als „a"
sprechen
im Straßengraben drin.

Gabelsalat

Wenn Deiner besten Gabel feinste Zinken
aus Altersschwäche zur Seite sinken,
in den Salat fallen, vom Zinkenträger,
gibt's Gabelsalat, schwer im Magen nur läg' er.

Die Büttenrede

Vom elften elften elf Uhr elf
bis Faschingsdienstag kurz nach zwelf
gibt es in deutschen Landen
ein Festival für den Humor.
Von Faschingsdienstag kurz nach zwelf
bis elften elften elf Uhr elf,
ist dieser nicht vorhanden.
Zumindest kommt er selten vor.
Tätä Täta Tätä

Man nennt den Zustand Karneval,
den wir zuerst erwähnen.
Den zweiten nennt man Arbeitsqual,
Wir spür'n ihn, wenn wir gähnen.
Auch Fastnacht oder Faasenacht
kann man das Erste nennen.
Die Narren werfen sich in Pracht
und kommen kaum zum Pennen.

Tätä Täta Tätä

Die Tradition gebietet nun,
die „Büttenred'" zu halten.
Zu deren Sinn und Unsinn tun
wir uns nun unterhalten.
Der Sinn der Büttenrede ist,
ob sie nun lustig ist, ob Mist:
Sie soll Euch unterhalten!
Wenn man ein langes Lachen mißt,
verhindert sie auch Falten.

Tätä Täta Tätä

Zur Vorbereitung Deiner Faasenachts-Rede
nimm eine Zeitung (es geht beinah' jede),
dann lies nur die größeren von all diesen Zeilen,
die fett oder bunt gedruckt Dein Auge ereilen.

Denke noch kurz darüber nach:
„Was soll das mir bringen?"
Danach sing sie an:
Manches kann man *schon* singen
und werd' endlich wach!

Das Versmaß muß nicht stimmig sein.
Meist stellt es sich beim Reden ein.
Siehst Du im Saal die ersten Pennen,
Denk: „Büdderedde müßte ma' kenne'."

Tätä Täta Tätä

Neue dramatische Kunst

(Der vielversprechende neue Anfang eines alten Liedes.)

Fuchs, was grinst die Gans verstohlen? Anfang voller Optimismus.
Ging Dir was verquer ?   Fragend
Ging Dir was verquer...?   Zweifelnd
Du mußt Ihr den Arsch versohlen,   Fordernd
dann grinst Sie nicht mehr her...her...
Du mußt Ihr den Arsch versohlen,
dann grinst Sie nicht mehr...   Das Ende: Ein Drama.

Zusatz:
Manch vielversprechender neue Anfang erfüllt leider nicht
die in ihn gesetzten Erwartungen. Bisweilen endet er bereits
vorher, auch schon mal gewalttätig. Es ist doch immer
wieder das alte Lied.

**Das es schon lange nicht mehr um Speichelleckerei
geht, beweist das nachfolgende aus der Realität direkt
übernommene Beispiel:**

Der Chefarzt im Rausch

(mit freundlicher Unterstützung von Michael Sostschenko)

Der Aufsichtsrat hatte einst zu seinem Wiegenfeste
den Chefarzt auch im Kreise seiner Gäste
und er bewirtet alle auf das Beste.

Es kann auch sein, es ist sein Namenstag gewesen,
denn die Bewirtung war besonders auserlesen
und geradezu in Strömen floß der Wein.
Die Bosse gossen ihn sich gegenseitig rein.

So kam's, daß unser Chefarzt zu schielen anfing.
Er verlor den Halt: Er konnte nur mit Mühe sich erheben
und sprach die Absicht aus sich heimwärts zu begeben.

Der Aufsichtsrat war ein besorgter Wirt.
Er fürchtete, daß sich sein Gast verirrt.
„Wo willst Du hin mit einem solchen Affen?"

„Du wirst den Weg nach Haus allein nicht schaffen
und ganz allein im Walde dem Verbot entgegen gehn,
denn einen Kassenprüfer alt hat jüngst man dort gesehn."

Dem Chefarzt schwoll der Kamm,
er brüllt in seinem Tran,
„Was kann der Prüfer mir?
Mach' ihn mir Untertan!

Es könnte sein, daß ich mit Geld ihn treibe!
Mit sieben Konten, Stück für Stück,
halt ich ihn mir vom Leibe
und schicke ihn geschmiert als Kassenarzt zurück."

Und verließ der Chefarzt alsobald das fröhlich laute Fest.
Er begann von einem Baum zum anderen zu schwanken
und brüllt dabei die kühnlichsten Gedanken
laut in die dunkle Nacht hinaus:

115

„Den Prüfer her, ich ford're ihn vor die Klinge!
Es könnte sein, daß ich ihn selbst umbringe.
Den Prüfer werde ich Zerzausen!
Wir sah'n im Kassendschungel
schon viel höhre Tiere hausen
und machten ihnen doch moralisch den Garaus."

Infolge des geräuschvollen Gezeters
des angetrunknen Schwerenöters
fuhr unser Prüfer auf mit einem derben Fluch
und packt den Chefarzt grob beim Kragen:

„Du Strohkopf also willst es wagen,
mich zu belästigen mit dem Gebrüll?

Doch warte mal, halt still!
Du scheinst mir ja nach Deutscher Mark zu stinken,
und wie mein Freund gelang es Dir
Dich derart sinnlos zu betrinken?"

Im Nu verflog der Rausch dem hohen Tier.
Es suchte schnell sich irgendwie zu retten.
„Ich..., nein Wir, oh, wenn Sie Einsicht hätten!

Ich war auf einem Fest und trank viel Alkohol.
Doch immer nur auf Euer Gnaden Wohl,
und auch auf jeden hier, von dieses Geldes Scheinen.
Das wäre doch, so wollte ich wohl meinen,
ein triftger Grund, sich derart sinnlos zu besaufen.

Der Prüfer nahm das Geld und ließ den Chefarzt laufen.

Moral:
Der Prüfer war dem Schnaps abhold.
Zwar haßt er jeden Trunkenbold,
jedoch betörte ihn, wie dem auch sei,
das Geld der Bosse der Arznei.

Zusatz:
1994 wurden in Deutschland von Ärzten für mehr als 1,6 Milliarden DM nutzlose Arzneimittel verordnet (aus Bericht der Krankenkassen von 1994). Ganz sicher stecken da die Pharmakonzerne nicht dahinter, mit ihrer Profitgier, eher steckt wohl die Dummheit der Ärzte. Oder so... Der Prüfer war jedenfalls der Schlauere.

Kabarett

Kabarett-Motto: Skatch as Skatch can.

Lied, wieder des 1. Autofahrers

(in der Fußgängerzone)

Heut fahr ich nicht, ich geh', ja ich geh,
heut fahr ich nicht, ich ...
Heut fahr ich nicht, ich geh', ja ich geh,
heut fahr ich nicht, ich geh.
Ich muß die U-Bahn nehmen, nehmen, nehmen, nehemen
ich muß die U-Bahn nehmen,
hab keine Pappe mehr...

Zusatz:
Pappe: Führerschein,
Fahrzeugführungsberechtigungsschein,
Scheinbarfahrzeugführungsberechtigungserlaubnisschein,
Fahrerlaubnis.

Aus der Welt der Wahrsagung

(Eine beinahe spiritistische Sitzung)

Zukunftsdeutung leichtgemacht. Immer herein. Ich deute Ihre Zukunft. Ja, ja, Sie können Ihren Handwagen da vor der Tür abstellen, wenn Sie beim Rausgehen nicht darüber stolpern. Wie bitte? Ja. Nu freilich. Ich lese Ihre Zukunft aus dem Kaffeesatz. Genau. Aus dem Kaffeesatz. Zeigen Sie mal her, wieviel Sie mitgebracht haben!
(Wo rennt er denn nun schon wieder hin? Was will der denn mit dem Handwagen?)

Oh ha, oh, ha. Meine Güte. So viel wäre nicht nötig gewesen. Ach, um Gottes Willen, hören Sie auf... Wie? Was? Ihre Zukunft deuten? Na sicher läßt sich Ihre Zukunft aus dem Kaffeesatz lesen, ist ja genug davon da. Sie werden sehen, wie genau meine Vorhersagen zutreffen. Gleich geht es los.

Tschuldigen Se' bitte. Haben Sie vielleicht ein Hühnerbein? Herrje, ich wollte Sie nicht beleidigen. Machen Sie Ihr Hosenbein ruhig wieder runter. Mit dem Hühnerbein kann man prima im Kaffeesatz rühren. Na gut, muß es eben ohne dem gehen, ist dann aber mehr zufällig! Also hören Sie zu. Hören Sie auf die Vorhersage.

1. Sie sind etwas gering bei Verstand und das wird noch schlimmer werden.

2. Sie müssen in allernächster Zukunft Filtertüten und Kaffee kaufen. Ja, auch die nahe Zukunft kann ich vorhersagen!

3. Sie werden über kurz oder lang einen schweren finanziellen Schaden erleiden.

4. Es steht Sorge um Ihre Gesundheit ins Haus.

So, daß war's dann. Macht 1228,- Mark plus Mehrwertsteuer.

Was ist denn noch?

Selbstverständlich können Sie innerhalb von vier Wochen zahlen. Oder gleich, in bar...

Was zittern Sie denn so?

Is' was?

Ach Gottchen, was ist denn mit dem los?

Kippt einfach aus den Latschen.

Naja, meine Zukunftsdeutungen aus dem Kaffeesatz, die treffen eben doch immer zu. Selbst Schuld, wenn der soviel Kaffee säuft. Hätte sich lieber Sekt gönnen sollen, so wie ich jetzt. Den Kaffeesatz verkauf ich am besten an die nächsten Kunden, aber löffelweise... Und den Handwagen verscherbel ich auch noch an irgend so einen Deppen.

Freie Sprüche

Lieber ein altes Schwein als ein dummes.

Lieber Sprüche kloppen als Steine.

Lieber erstmal auf den Busch klopfen,
als sich gleich im Dickicht verirren.

Lieber arm und klug, als dick und doof.

Lieber von der Sonne braungebrannt,
als trotz Arbeit ständig abgebrannt.

Künstlerinterview

(Ein Bericht von der Verleihung des Adoof-Grimma-Preises für Keinekunst. Beteiligt sind dabei Herr Postojewski, eine Nase, wenn auch eine zugehaltene, ein Hintergrund sowie ein Rundfunkmoderator.)

Rundfunkmoderator: Wir schalten jetzt zu unserem Reporter Rudi Nase in Adoof-Grimma, wo am heutigen Tag, wie alljährlich, der gleichnamige Preis verliehen wird. ... Hallo Rudi, Du gehst auf den Sender!...

Nase: Ich melde mich hier von der alltäglichen Verleihung des jährlichen Adoof-Grimma-Preises. Die Juri ißt. Zusammengetreten war sie bereits vor wenigen Minuten, um den Preisträger zu suchen. Auszusuchen. Soeben tritt sie nun zusammen, um den Preis zu verleihen. Im Hintergrund können Sie die Diskussion vielleich noch hören. Ich versuche mal eben mehr für Sie zu erfahren...

Hintergrund: ... hund .. hatta... hammada ... Preis ... Adoof ... Jahres ... ist. ...er ... al ... ich ... ter ... Mi ... ael ... ostojewski ... ür ... ein ... it ... arisches ... amt ... erk.

Nase: Trügen mich die Sinne, hör' ich richtig? Kaum zu glauben, kaum zu glauben. Ein Wink des Schicksals hat uns ein Interview mit dem ausgezeichneten Künstler ver-einbaren lassen. Er ißt, gezeichnet von den Sporen der Preisverleihung, die diese ihm zu verleihen scheint, zuerst eine Bockwurst vom kalten, ja möglicherweise eiskalten, Buffet, aber, meine Damen und Herren, er schreitet, zähneknirschend, eventuell ein Korn im Senf zu seiner edlen Speise erwischt habend, auf uns zu, um sein Inteview-Versprechen einzulösen.

(Nase wendet sich zu Postojewski.)

Nun, Herr Postojewski, wie fühlt man sich so als frisch gebackener Preisträger.

Postojewski: Ja, mei. Heiß war's schon auf der Bühne. Aber auf der Drehbühne, ich meine der Tribüne, war's bestimmt noch heißer. Also, Ich fühl mich schon ein wenig frisch gebacken. Und morgen bin ich heiser.

Nase: Ja, ja, der Postojewski, immer für einen Scherz zu haben.

(Nase hält ein großes gelbes Buch versteckt hinter dem Rücken, was ihm sichtlich schwerfällt.)

Hintergrund: aber ... ennen ..ost ... ojeh ...la ... iat ... ski.

Nase: Herr Postojewski, verraten Sie uns mehr über Ihr Werk, schließlich sind Sie soeben mit dem Adoof-Grimma-Preis für Keinekunst ausgezeichnet worden. Wofür, das erklären Sie uns bitte.

Postojewski: Ja, mei. Ich habe halt ein umfangreiches Buch herausgebracht. Aber es ist eigentlich mehr eine Übersetzung. Das Buch - an sich - gab es schon. Ja, es ist von einem nicht direkt genannten Autor. In drei Sprachen ist das nun übersetzt worden. Ja, mei. Es kommt gut an, wenn man wenig - äh, ich meine ein wenig international, multikulturell agiert.

Nase: Dann haben Sie das Buch also als Übersetzung geschrieben?

Postojewski: Ja, mei. Geschrieben war es eigentlich schon. Ich habe es eben nur in 3 Sprachen übersetzt.

(Postojewski zeigt ein großes gelbes Buch. Nase zieht dieselbe kraus, wirkt dadurch sehr verunsichert und hält immer noch ein großes gelbes Buch auf dem Rücken versteckt, was ihm sichtlich schwer fällt.)

Hintergrund: ... und .. hatta ... Preis ... Adoof ... Jahres ... ist: Der ... ich ... er ... Michael ... Postojewski ... ür ... ein ... lit ... arisches ... Amt ... erk .... ab ... kannt ... iat ... ski.

Nase: Herr Postojewski, gehe ich recht in der Annahme, daß es sich bei diesem großen gelben Buch um Ihr ausgezeichnetes Werk handelt, für das Sie heute den Adoof-Grimma-Preis erhalten haben?

Postojewski: Ja, mei. Das ist es. Genau. Woher haben Sie das? Ich erkenne es auf den ersten Blick an dem gelben Einband da. Ja, mei, für einen Zweiband hat es halt nicht gereicht. Eh' Sie Fragen dazu stellen, gelle.

Nase: Ach sind Sie heute albern. Aber im ernst: Was ist nun das besondere an diesem Buch und weshalb die Auszeichnung?

Postojewski: Ja, mei. Es ist halt dreisprachig. Sehen Sie das nicht? Ja, gut, bei dem Licht! Finsteres Bayern.

Nase: Zweifelsohne, der Titel „Numerazione della regiona di postalia alemania" ist vielversprechend. Er liegt voll zwischen Romantik und Moderne. Sie sind sicher ein dem Fortschritt verpflichteter Mensch!? Aber ist das „di" nicht falsch an der Stelle?

Postojewski: Ja, mei. Etwas verfremden muß man so einen Buchtitel schon. Das macht sich gut für die Werbung und den Verkauf. Wollen Sie einmal hinein schauen, Herr...?

Nase: Ja, wenn es mir der große Dichter nur gestattete, es wäre fast zuviel der Ehre.

(Nase schaut in das Buch, das ihn Postojewski reicht und dumm denselben an.)

Das ist also Ihr dreisprachiges, ausgezeichnetes Werk?

Postojewski: Ja, mei. Der Titel ist von mir. Die Benutzungshinweise und das Vorwort habe ich so gelassen, wie ich sie vorgefunden habe. Aber, sehen Sie: Hier! Die Zahlen haben wir aus dem Deutschen ins Italienische und Englische übersetzt.

Nase: (verständnislos) Ja, aber, alles ganz normale Zahlen: Null Eins Zwei Vier Neun. Und die Namen der Städte sind doch aber auch noch in Deutsch!?

Postojewski: Ja, mei. Es kommt halt darauf an, wie man die Zahlen liest. Und, wie wollen Sie die Städtenamen auch übersetzen? Hier z.B. Caputh, soll das „defektolazio" genannt werden, da Dresden, etwa „rotationalisata" oder z.B. Berlin, Bonn? Vielleicht „the never being town of glorie"?

Nase: Ja, natürlich, schwer denkbar.

Postojewski: Nein. Ich habe das typisch Deutsche an diesem Buch Deutsch gelassen. Ich war damals, als ich das Original verfaßt habe, noch Beamter. Da muß man das schon aus patriotischer Überzeugung heraus tun. Jetzt sollte das Buch dreisprachig erscheinen, wie es die Direktion beschlossen hat und so wurde es vollbracht und trotzdem die Tradition nicht negiert.

Nase: Ja, Ach so.

Postojewski: Ja, mei.

Nase: Ich danke Ihnen für das ausschußreife Interview.

Nase: Liebe Hörer, es ist einfach genial was sich der Dichter Postojewski hier hat einfallen lassen und wir freuen uns mit ihm. Ich meine insofern ist die Auszeichnung sicher auch gerechtfertigt. Ein solches Buch in drei Sprachen. Einfach umwerfend, die Idee. Und ich meine, daß es nicht schlecht wäre, wenn es mit gleichem Eifer in noch mehr Sprachen übersetzt würde. Sicher würden sich Juroren finden, die, dies anerkennend, Preise derob verleihen würden.

Hintergrund: ...egen... es ... erdachts ... ei..es ... lagiats ... wi ... em ... ünstler ... er ... doof...-...imma...-....reis ... aba ... kannt.

Nase: Ich gebe damit zurück zum Sender.

Im Funkhaus: Aus Adoof-Grimma verlautbart, daß die diesjährige Auszeichnung junger Künstler wegen des Verdachts auf ein Plagiat ausgesetzt wurde. Wir informieren Sie, sobald uns Neues bekannt wird.

Ein ganz besonderes Osterei

Gerade noch rechtzeitig um das Osterfest herum erreichte uns eine Botschaft, die endlich mit den 10 Geboten insofern ins Gericht geht, als sie dieselben relativiert und wieder zu brauchbaren Instrumenten des alltäglichen Lebens im Gemeinwesen macht. So gelten für die einzelnen Gebote in Zukunft bestimmte Ausnahmen. Hier nun die verbindliche Zusammenstellung.

1. Gebot: „Ich bin Dein Herr, Dein Gott, Du sollst nicht andere Götter haben neben mir." Außer Du bist Regierungschef in Bayern. In diesem Fall ist es zulässig, den Vorsitzenden Deiner Schwesterpartei oder jeden anderen Wahlsieger neben Dir als Gott anzuerkennen.

2. Gebot: „Du sollst Barmherzigkeit üben." Außer Du bist Arbeits- und Sozialminister. In diesem Fall ist es zulässig, die Sozialhilfe auf das für Dich notwendige zu beschränken (gekürzte Fassung aus BILD).

3. Gebot: „Du sollst den Namen des Herren nicht mißbrauchen." So ein Kohl!

4. Gebot: „Du sollst den Feiertag heiligen." Außer Du bist Regierungschef in einem der deutschen Bundesländer. In diesem Fall ist es zulässig, jeden beliebigen Feiertag zu streichen. Damit kann dann das 2. Gebot wieder in die Ausgangsform gebracht werden.

5. Gebot: „Du sollst Deinen Vater und Deine Mutter ehren." Außer Du bist Erbschaftsanwärter. In diesem Fall kannst Du das Recht zur beschleunigten Erbschaftserlangung wahrnehmen und so einen Beitrag zu Verbesserung des Sozialstaates leisten durch:

- Renteneinsparung
- Pflegeleistungsreduzierung
- Erbschaftssteuerzugriffsmöglichkeiten des Staates

6. Gebot: „Du sollst nicht töten." Außer es hindert Dich jemand an der Einhaltung der restlichen 9 Gebote einschließlich der Ausnahmen.

7. Gebot: „Du sollst nicht ehebrechen." Außer Du hast damit die Chance, eine gute Partie zu machen und Deine finanzielle Situation entscheidend zu verbessern, zum Wohle der Steuereintreiber, oder Du bist Finanzminister der Bundesrepublik Deutschland. Die Zugehörigkeit zu einer Partei mit christlichem Bekenntnis im Namen ist nicht erforderlich.

8. Gebot: „Du sollst nicht stehlen." Außer Du bist Finanzminister der Bundesrepublik Deutschland oder Finanzbeamter der Europäischen Union. Die

Zugehörigkeit zu einer Partei mit christlichen Bekenntnis im Namen ist erforderlich.

9. Gebot: „Du sollst kein falsches Zeugnis ablegen wider Deinen Nächsten." Außer Du bist Chef des Bundesnachrichtendienstes oder eines seiner Kontrollorgane oder eines seiner ausführenden Organe. In diesem Fall bist Du nur Deinem ggf. vorhandenen 2. Gott Rechenschaft schuldig.

10. Gebot: „Du sollst nicht begehren Deines Nächsten Weib, Haus, Hab' und Gut." Außer Du bist:

- Finanzminister
- Gesundheitsminister
- Arbeits- und Sozialminister
- Verteidigungsminister
- Bankdirektor
- Finanzdienstleister
- Immobilienmakler
- kein Idiot

In den Durchführungsbestimmungen zu diesen Regeln heißt es wörtlich:

„... Denn wisset, Gott hat Euch nicht Euer Amt gegeben, damit Ihr die Gebote achtet, sondern damit Ihr in seinem Namen Eure Pfründe schröpft und zu seiner Herrlichkeit einen würdigen Beitrag leisten könnt, um deretwillen ER Euch die Kirchensteuer auferlegt hat, gleichermaßen Absolution erteilend für alle Nehmenden, wie die Gebenden, die da seeliger, aber dümmer sind, als die erst genannten ... Euer seien die Pfründe, und vergebt nicht Euren Gläubigern in Ewigkeit armman ..."

Meine Schwierigkeiten mit der Weltliteratur

Immer wieder las ich in Literatur- und Filmkritiken, dieses Buch (oder dieser Film) sei geradezu 'Kafkaesk'... Lange hat es gedauert, bis ich darauf kam, daß ich eventuell mehr darüber erführe, was „Kafkaesk" sei, wenn ich Bücher von Kafka läse. So kaufte ich mir „Sämtliche Erzählungen" von Kafka und las. Aber nachdem ich sie nun gelesen habe, weiß ich immer noch nicht, was „Kafkaesk" ist.

Wahrscheinlich ist es das.

Kunst und Wissen schafft

Reporter: Zur Eröffnung einer neuen Ausstellung in der Reihe Kunst und Wissenschaft melde ich mich heute aus dem Schenk-en-Zwerg-Museum. Es geht in dieser Ausstellung um die Lebensweise und Lebensart bisher wenig erforschter Saurierarten. Die Spezialausstellung steht unter dem Thema „Der Tyranno-Saurus-Lauberiensis, Leben und Wirken in seiner Zeit".

Ich begebe mich nun direkt in die Ausstellung, um Ihnen, liebe Hörerinnen und Hörer, diese Thema etwas näher zu bringen. Auf dem Weg in die Ausstellungsräume erzähle ich kurz etwas zur Entdeckung des Tyranno-Saurus-Lauberiensis: Sein ursprünglicher Fundort soll sich in einer Lehm- oder Tongrube in der Nähe Frankfurts befinden. Man sagt, daß ursprünglich nicht mehr als die zu Lehm gewordenen Überreste zu Tage gefördert wurden. Eine junge Künstlerin habe dann in jahrelanger, mühevoller Kleinarbeit diesen Tyranno-Saurus-Lauberiensis rekonstruiert. Nur so sei ein unvergleichlich schönes und durchaus realitätsnahes Abbild einer Generation dieser Raubmonster geschaffen worden, über die uns sonst wenig bekannt ist.

Ich versuche nun, Ihnen, liebe Hörerinnen und Hörer, den Gegenstand der Ausstellung etwas genauer zu schildern. Der Tyranno-Saurus-Lauberiensis gehört zu den eher kleineren Arten der Gattung und stellt sich uns als possierliches, opossumähnliches Reptil dar. Sein zweifelsohne aufrechter Gang deute darauf hin, daß er schon zu den höher entwickelten Spezies seiner Art zählte.

Was aus der Ferne einem weiten, faltenreichen Gewand täuschend ähnlich sieht, in das sich viele Saurierarten zu Lebzeiten kleideten, entpuppt sich bei näherem Hinsehen als Überwurf, der einen imposanten Stachelrücken nicht zu verbergen in der Lage ist. Modebewußt trägt der Tyranno-Saurus-Lauberiensis an diesem Überwurf eine Reihe Assessors, wie z.B. Knöpfe in der Form der heute noch benutzten Sechskantkopfschraube. Sein Kopf ist bedeckt von einer Art Kamm, vergleichbar einer Zahnstange an einer Dampfmaschine.

Möglicherweise war die Verschraubung der Kleidung zur Lebenszeit unseres possierlichen Freundes der modische Gag eines tapferen Blechschneiders. Vielleicht lag auch ein tieferer Sinn darin: So konnte der Tyranno-Saurus-Lauberiensis z.B. „ständig eine Mutter und ein alte Schraube" bei sich haben. Die Forschung läßt das offen.

In Kreisen des Personals der Ausstellung geht jedenfalls das Gerücht, daß hier wohl der Künstlerin die gestalterischen Kräfte durchgegangen sind.

Unser Tyranno-Saurus-Lauberiensis ist nur etwa 30 Zentimeter groß. Dennoch strahlt Kraft und Zuversicht von ihm aus, hat er doch ein Buch in den Händen aufgeschlagen und als ob er daraus reklamierte, schauen seine schönen großen Augen aufwärts, als wollten sie uns die Verkündigung der Worte des Gottes der Tyranno-Saurus-Lauberiensis darbringen, mahnend und strafend zugleich. Doch wir schauen in ein überaus gütiges Gesicht.

Allerdings ist der Mund, wie schwätzend, leicht geöffnet und gibt den Blick auf eine Reihe vortrefflicher Reißwerkzeuge frei. Bei dieser Größe und dem Gebiß wird er wohl höhere Tiere nur in Rudeln angegriffen oder sich mit allerlei Arten Kleintier begnügt haben.

Liebe Hörerinnen und Hörer, ich begebe mich nun etwas näher an das Ausstellungsstück heran, um Ihnen auch etwas über das Buch sagen zu können, das in etwa in der Mitte aufgeschlagen, in den Händen des lieblichen Mini-Monsters liegt.

Der Titel des Buches, liebe Hörerinnen und Hörer, ist beinahe sensationell, denn er lautet ganz schlicht: „Überlebenstraining für Tyranno-Saurus-Lauberiensis". Das ist ja doch höchst interessant.

Aber was lese ich hier auf der aufgeschlagenen Seite: „... und lege sich in eine Grube Feuchte haltiger Erde und überdauere die Zeit...".

Oh, ha, die Tyranno-Saurus-Lauberiensi haben ihre Geschichte selbst in die Hand genommen: „...und harre da der Dinge, die Dich ausgraben und laß Dich formen nach Ihrem Bild und bestaunen und bewundern..." Das ist wahrlich erstaunlich: „...und es wird der Tag kommen, an dem Dir der Hauch eines Lebenden Leben einhauchen wird und Du wirst sein, oder nicht sein, wenn er nach Knoblauch riecht...".

Oh ha, oh ha. Die göttliche Schöpfungsgeschichte wird lebendig. Kommt mir doch irgendwie bekannt vor, das ganze. War es nicht damals auch so, daß einer Lehmfigur Leben eingehaucht wurde?

('...Ob ich's mal versuche? Knoblauch hatte ich heute noch nicht, ein Bier vielleicht, aber davon steht nichts im Buch ... der Aufseher schaut gerade nicht her, ist mit seiner Stullenbüchse beschäftigt ... Ich versuch 's! Nur Mut. Versuch macht kluch oder so.').

„Huuuhhhh, huuuhhhh, pfffffff...".

Ja was ist das?" War da eine Bewegung?! Ich glaub er hat sich bewegt! *Verdammt er schlägt die Seite um und klappt das Buch zu! ... Ich hätte es niemals versuchen sollen ... Laß mich loooss, laß loohhss, umm ... ottes ... illen ... iiiilfe... aaaahhhh...")*

...Schmatz, schlurfz , schmatz, würg...

Im Funkhaus der Redakteur: „He, Chef, Ich glaube, wir müssen vom Sender, der Reporter frißt schon wieder mitten in der Übertragung seine Bemmen. Jedesmal das gleiche. Der kann es nicht lassen."

Chef: „Unverschämt! O.k., mach' die Absage...Störung oder so."

Redakteur: „Meine sehr verehrten Damen und Herren an den Rundfunkgeräten, leider ist die Verbindung zu unserem Reporter im Schenk-En-Zwerg-Museum unterbrochen. Bis die Störung behoben ist, machen wir erst einmal weiter mit Musik."

Späte Anmerkung der ehemaligen Chefs der Rundfunkanstalt:

Man fand ursprünglich zwei Prachtexemplare jener Spezies, hielt aber viele Jahre dies geheim, weil das zweite Exemplar bereits nach wenigen Minuten aus den Augen der Wissenschaftler entschwand und nicht mehr gesehen wurde. Im Bild ein steckbriefliches Foto aus den ersten Lebenssekunden des scharfzähnigen, fleischfressenden Monsters.

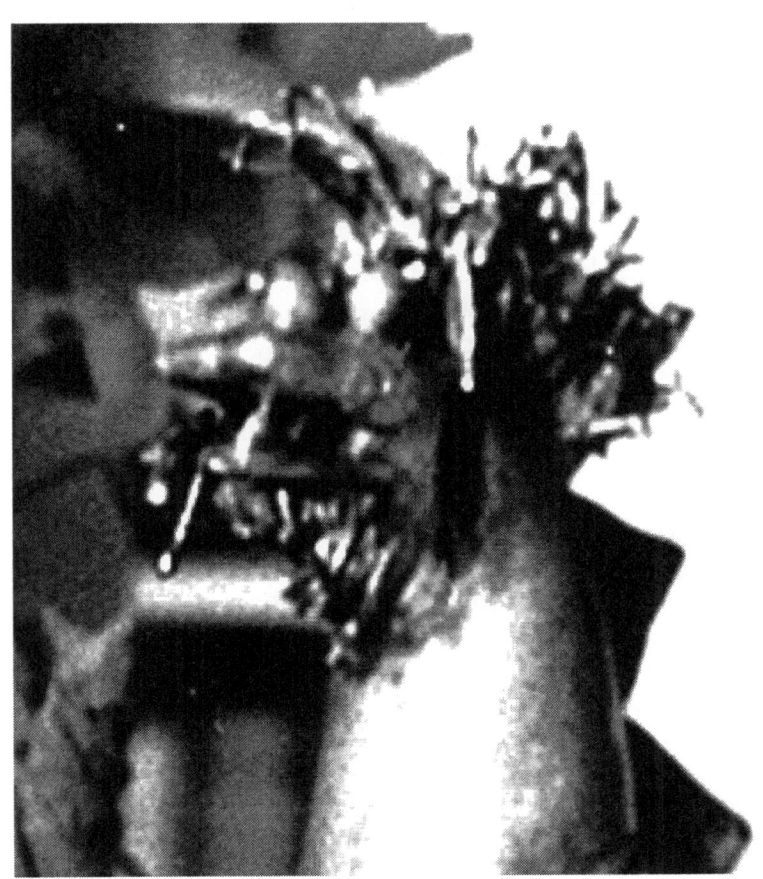

Intelligenztest

„Ossis, die mehr als 40 Jahre in der DDR gelebt haben, sind intelligenter als Wessis, die mehr als 40 Jahre in der Bundesrepublik Deutschland gelebt haben.", das jedenfalls behauptet der Autor von „Mein Leben im Fettnapf" in dem zweiten Band des Buchzyklus „Aphorismen, Afforeien, Blöde Lieder Blöde Laien", daß gerade vor Ihnen liegt. Wenn Sie dem zustimmen, melden Sie sich beim Autor, wenn nicht, bei einem der auf der Titelseite genannten Verlage.

DSF 90 bis 96 [+)]

Wenn einer seine Macht beweißt
und also auf das Leben scheißt,
von Völkern, die er nicht recht kennt,
dann ist dies Rußlands Präsident.

Wenn einer den als „Freund" benennt,
der heute Rußlands Präsident,
dann dies mit aller Macht beweißt,
daß der auf Menschenleben scheißt.

[+)] DSF = Deutsch-Sowjetische Freundschaft

Multimedia - Erfahrungsbericht Nr. 1

Ich habe nun doch meine ersten Erfahrungen mit Multimedia gemacht. Im Haushalt. Ein erstaunliches Ergebnis kann ich dabei vorweisen. Ich hatte mir dazu folgendes Multimedia-Konzept ausgedacht und realisiert und vor allem aufgeschrieben:

1. Computer laufen lassen mit WORD für WINDOWS und angefangen, diesen 1. Erfahrungsbericht zu schreiben.

2. Spiegel auf den Schreibtisch gestellt und grob justiert.

3. Kassettenrecorder mit einer Kassette der Rolling Stones geladen und aufgedreht. Vorerst Kassette aber noch mal angehalten mit der Stopptaste.

4. Fernseher angeschaltet und die Sendung „Das beste aus dem Musikantenstadl" eingestellt.

5. Wieder zurück zum Computer und den 1. Erfahrungsbericht fortgesetzt. Dabei wird für den Spiegel eine Feinjustierung vorgenommen, so daß ich den Fernseher im Spiegel sehen kann. Leider heute wieder nur Linkshänder im Fernsehen. Ein verdammt

unausgewogenes Programm. Aber es gibt ja zum Glück Multimedia.

6. CD eingelegt und auf Titel 12 gestellt. Kopfhörer des CD-Players am Ausgang des Kassettenteils angebracht.

7. Nun muß die Arbeit der Rolling-Stones-Kassette mit den restlichen Multimedia-Elementen synchronisiert werden. Das bedeutet, daß der Beginn eines beliebigen Titels der „Kastelruther Spatzen" aus dem „Musikantenstadl" abgewartet wird und genau in dem Moment der Ton ausgestellt wird, in dem der Rolling-Stones-Titel „I'm Out of Tears" auf der Kassette beginnt, während relativ egal ist, was auf der CD gerade läuft, denn der Kopfhörer ist ja nicht aufgesetzt.

8. Durch Blickkontrolle im Spiegel auf dem Schreibtisch kann ich den Erfolg der Synchronisation verfolgen. Auch die „Zillertaler Schürzenjäger" in Bestbesetzung machen sich gut.

9. Dabei sitze ich am Computer und gebe den 1. Erfahrungsbericht zur Multimedia-Problematik und deren Anwendung im Haushalt ein.

Meine ersten Erfahrungen zum Multimedia-Einsatz im Haushalt sind allesamt positiv, wenn auch noch kleinere technische Fragen zu lösen sind.

Das Multimedia-Erlebnis ist dann besonders intensiv, wenn die Kamera auf den Schlagzeuger des Begleitorchester der „Kastelruther Spatzen" umschneidet und gleichzeitig das Schlagzeug zum Rolling-Stones-Titel „I'm Out of Tears" eindringlich die Melodieführung des „Musikantenstadl" unterlegt und die Sänger dazu analoge Gesichter und synchrone Mundbewegungen machen. Ausgesprochen spaßig.

Noch eindrucksvoller kann die Wirkung von Multimedia gesteigert werden, wenn ich durch lautes und/oder falsches Singen eines weiteren Liedes zum Dreiklang des Geschehens beitrage. Dabei wählte ich, der Einfachheit wegen, den schönen deutschen Freddy-Titel „Junge, komm bald nieder", wegen seiner surrealistischen Anfangszeile.

Ich bewerte meine Erfahrungen mit Multimedia grundsätzlich positiv. Schade nur, daß der CD-Player völlig umsonst mitgespielt hat. Irgend etwas muß ich mir mit dem Kopfhörer auch noch einfallen lassen, denn wenn die Synchronisation von Fernseher und Kassettenrecorder erst einmal stimmt, kann ich ja eigentlich die Kopfhörer aufsetzen ... Den Blick in den Spiegel werde ich sicher auch dann noch verkraften.

Heh, Junge, mußt Du Deine blöde Techno-Musik so laut stellen, Du siehst doch, daß ich arbeite.

Vom Limmerik zum Kunstwerk

Eine Dame aus Clausthal-Zellerfeld
alltäglich in den Keller fällt,
wobei den Rekord, im Keller gezählt,
die Dame mehrere Jahre schon hält,
weil schneller als sie keine andere fällt.
Kein Wunder, denn sie tut es für Geld.

Zusatz:
Schönen Dank an Insterburg und Co.

Dummheit fliegt

Wenn einst die Dummheit Flügel kriegt,
dann hätten wir sie doch besiegt!
Denn sicher flög sie sehr weit fort,
an einen andren, fernen Ort.

Doch hört von Dingen mit Flügeln die Kund':
<<Sie kehren zurück, sofern sie gesund...>>

Zusatz:
Ein gewisses Maß Dummheit kann Flügel verleihen.

Zusatz:
Dummheit kehrt wieder wie Vögel, nur
an die Jahreszeiten hält sie sich nicht.

Zusatz:
Ein gewisses Maß Dummheit ist ganz gesund.

Cry for Love and Try to do it

(Wie macht man es, ohne es zu tun.)
In jener Nacht sagte ich zärtlich zu Dir: „Stell Dir vor, es
wären Deine wunderschönen, weichen Lippen, an Stelle
Deiner zärtlichen Finger, die mich berühren."

„Das mach ich nicht!", war die blitzschnelle Antwort,
wie aus der Pistole geschossen. Viel zu schnell. Ohne zu
überlegen, was ich eigentlich tatsächlich gesagt hatte. Wie
für alle Zeiten im Kurzzeitgedächnis: „Alles, nur *das*
nicht!"

Als wäre eine Aufforderung, es zu tun, beim
Anschauen irgendeines abstoßenden pornographischen
Videos ergangen, und ihr nicht zu folgen, mit unwürdigen
Bedingungen irgendwelcher Art verbunden.

Und diese Antwort kommt in zärtlichster Umarmung. Mein Gott, was hat man Dir angetan, was hat man mit Dir gemacht? Dabei wollte ich es überhaupt nicht so. Aber die Antwort war eine klare Warnung. Du warst einfach noch nicht bereit für tiefgehendere Empfindungen dieser Art.

Meine Frage war mehr eine Eingebung, die mir helfen sollte, herauszufinden, wie groß die Katastrophe ist, in der Du steckst, wie groß die Wandlungsfähigkeit eines Menschen durch Zärtlichkeit ist, der mit mir ins Bett geht und vorgibt, zu lieben und doch schwere Probleme mit sich herumträgt; der vielleicht lieber allein wäre, statt sich von mir berühren zu lassen.

Ich liebe von Herzen, wenn ich liebe. Es ist selten genug der Fall. Ohne Berechnung. Warum können andere Menschen das nicht? Vor allem nicht die, die ich Liebe? Wie soll der Weg aussehen, den wir gehen könnten? Ich, abhängig von Zärtlichkeit und gegenseitiger Achtung, Du, nicht in der Lage oder nicht Willens, zu sagen, was und wie Du fühlst.

Genießend vielleicht all die Zärtlichkeit, die ich Dir entgegen bringe, aber aus welchen Gründen auch immer, nicht bereit oder nicht fähig, vielleicht auch zu ängstlich, die gleiche Zärtlichkeit zu geben. Wie willst Du mir Helfen, wenn ich einmal am Boden bin? Wenn es mir dreckig geht?

Das Problem scheint zu sein, daß man schon im Herzen fühlen sollte, wie man miteinander umzugehen gewillt ist. Nicht der Verstand sollte alles nachträglich geraderichten müssen. Andernfalls könnte es sein, daß für eine langfristige Bindung das wichtigste fehlt oder sehr schnell verloren gehen könnte.

Wie willst Du es schaffen, Dir selbst die höchsten Wonnen der Lust zu gönnen, wenn Du mich nicht durch dieses natürliche, den Menschen von allen anderen Lebewesen unterscheidende Extrem der Lust, dazu bringen willst oder kannst, mehr als das postkoitale Zurseitedrehen zu zelebrieren?

Natürlich gibt es Zeiten wie jetzt, in denen es auch, nur aus meiner Liebe zu Dir, meiner Sucht, Zärtlichkeit zu genießen, möglich ist, weit mehr als das übliche für die Erweckung, Steigerung und Befriedigung Deiner Lust zu tun. Und, sie lassen sich sehr lang und oft wiederholen.

Aber: Höchsten Genuß auf beiden Seiten und dies gleichzeitig wird nur ein tabuloser, auf Gegenseitigkeit beruhender Austausch von Zärtlichkeiten aller Art bringen. Das ist völlig unabhängig davon, was Du jetzt, hier und heute denkst oder fühlst. Das kann ich Dir anbieten.

Ich würde mich einsam fühlen, neben Dir, in zärtlichster Umarmung, wenn Du nicht frei von Zweifeln und Ängsten darüber wärst, daß es einfach dazugehört: Zärtlichkeit, tiefempfundene, natürliche Lust, vor allem aber Offenheit hinsichtlich der eigenen Wünsche...

Willst Du mich zerstören? Ich hatte mein Herz aus dem Tiefkühler freibekommen. Es tut weh, zu sehen und zu fühlen, wie Du versuchst, aufzuwachen, Deine Gefühle versuchst zu ordnen, Dich für den Genuß von Zärtlichkeit zu befreien, von allen täglichen Schicksalsschlägen, von all dem Ungemach, das auf Dich einströmt, von den Gedanken an die Notwendigkeit der Vernunft.

Und ich spüre es. Auf jedem Quadratmillimeter meiner nicht von Dir berührten Haut könntest Du fühlen „Ich will Dir helfen, die Lust zu empfinden, die für mich so normal und alltäglich ist, daß ich erst davon erfuhr, wie schön sie ist, als sie plötzlich fehlte."

Oh, hast Du ihn denn nie erlebt? Diesen Zustand, in dem sich die Seele über den Verstand beginnt zu erheben, dieses sanfte Beben, das, beginnend in den Fingerspitzen und den Zehen, langsam sich ausweitend, den Körper in Schwingungen versetzend, sich verstärkt, immer mehr einem einzigen gemeinsamen Punkt in der Nähe des Mittelpunktes des Körpers der Liebenden zustrebt, und das, nach mehr oder weniger inniglich - mal lauter, mal leiser - geäußerten Lauten der Lust, in einer tiefen, den Sieg der Gefühle über den Verstand verkündenden ganzkörperentspannende Erschütterung endet, die von einem Gefühl tiefster innerer Bindung der Liebenden zu erzählen in der Lage ist?

Und ich denke: Du willst die Zärtlichkeit, die Dir so fehlt, wie sie mir auch fehlt. Es kann nicht anders sein, denn es ist das natürlichste und friedlichste Gefühl normaler Menschen. Und ich versuche Dir zu helfen. Indem ich mich erinnere, daß man Zärtlichkeit nur empfangen kann, wenn man von Herzen bereit ist, sie im gleichen Maße zu geben, schwindet die Hoffnung, diese Ziel zu erreichen.

Verdammt, ich muß spüren, ob Du Dich wohlfühlst in meinen Armen, ob es Dir gut geht, berührt von meinen Fingern, geneckt von meinen Lippen, gestreichelt von tausend Zungen der Lust.

Komm und zeige, was Dich bewegt, sprich über Deine Wünsche, auch wenn Du glaubst, ich könnte Sie Dir von den Augen ablesen. Vielleicht bin ich kurzsichtig.

Ich liebe Dich. Nie mehr loslassen! Nie mehr zurückstecken. Aber: Wie weit ist der Weg? Wie schwer wird er sein? Ich will. Egal was passiert. Verlieren kann ich nichts. Gewinnen können wir. Wenn wir es wollen.

Nur wenn **wir** es beide **wollen**.

Fragment eines Refrains

Ja, es gäbe noch viel zu erzähl'n,
doch manchmal ist Schweigen wie Gold.
Viel, viel was im Leben geschehn,
das habe ich nie so gewollt.

Ja, ich hätt' euch noch viel zu erzähln,
doch manchmal ist Schweigen auch Gold.
Manches, was ich im Leben gesehn,
habe ich niemals gewollt.

Oh, es gäbe noch viel zu erzähl'n,
nur manchmal ist Schweigen wie Gold.
Vieles, was Dir im Leben geschehn,
das habe ich nie so gewollt.

Zusatz:
Selbstverpflichtung zu Ehren eines Tages:
„Hier wird eines Tages ein wunderbares
Gedicht stehen."

In der Schule

Nun aber höre zu ein jeder:
Was macht ein Sanitäter, Peter?
Frau Lehrerin, hier muß ich raten!
Der macht doch sicher Sanitaten.

Uralte Kommunikationsprobleme

Ich tipp ein Deine Nummer
- immer besetzt -
Hastend - voll Kummer
- zweifelnd zuletzt -
wähl' ich Dich an,
mit linkischem Griff.
Noch nicht verlassend
das sinkende Schiff,
will ich Dich erreichen,
über mein BTX.
Die Schnittstellen verstehn sich.
Nur Du verstehst nix ...

Fliegende Untertassen

Mancher, der schwärmerisch über fliegende Untertassen
schwätzt, fürchtet sich doch nur vorm Geschirrspülen.

Wieso 3 Autofahrer?

Genau: Diese Frage ist zweifelsohne richtig und wichtig,
allein schon, weil sie gestellt wurde. Aber die Antwort ist
recht einfach: So viele Autofahrer, wie immer behauptet
wird, gibt es - wie man hier leicht nachlesen kann -
überhaupt nicht... Eigentlich nur drei.

Und was ist aus Irma geworden?

Atomstreitmächte unter sich

Ein amerikanischer Politiker sprach einst zu einem russischen Politiker: „Mach' Deine Atomkraftwerke dicht, die sind zu gefährlich für die Menschen in Amerika. Und wenn Du das nicht machst, machen wir die mit Gewalt dicht. Wir schießen auf sie mit Urangranaten." Darauf sprach der russische Politiker zum amerikanischen Politiker: „Das machen wir schon lange, ihr habt es aber bisher nur ein einziges mal gemerkt." Was er wohl damit gemeint haben könnte?

Zusatz:
Die Silbe „Po" am Anfang des Wortes „*Po*litiker" zeigt uns eindeutig das Problem dieses Berufsstandes...

Dumme Sprüche

Zeig mir Deinen Müll und ich sag Dir, wer Du bist.

Zeig mir Deinen Müll und ich sag Dir, was Du frißt.

Lieber kurz vorm Abgrund die Augen offenhalten,
als nie eine Talsohle gesehen zu haben.

Wahrer Reichtum

Wenn Du alles besitzt, kannst Du mit jedem Frieden schließen.

Steigerungsform:

Erst wenn Du alles besitzt, kannst Du mit jedem Frieden schließen...

Währungsumstellung

Zu allen Zeiten war die Umstellung eines Währungssystem
in Friedenszeiten Ergebnis oder Vorbote einer Folge von
speziellen, persönlichen Katastrophen. Im allgemeinen
ergaben sich Kriege.

Die Umstellung eines funktionierenden, über Jahre
gewachsenen Währungssystems auf ein künstlich
geschaffenes, ist in Friedenszeiten die einzige Möglichkeit
einer Regierung, vollständig und umfassend an die
Ersparnisse seiner Bürger zu gelangen.

Navigation am Segelschiff

Der Wind weht von Luv,
denn es riecht stark nach Roquefort.
Des Segels Tuch wendet,
riecht ihr den Käse vom Fockrohr!

Zusatz:
Die Navigationsmethode soll, bis zur Erfindung des
Fußgeruchs, die einzig wahre Navigationsmethode
der Segelschiffahrt gewesen sein.
Linkshänder meinen, es müßte „Lee" statt „Luv" lauten.

Kurz überlegt

Von der Natur war's klug durchdacht,
daß sie aus Affen Menschen macht.
Nur: Peinlich sind ihr ein paar Laffen:
Die machen sich als Mensch zum Affen.

Zusatz:
Tauschen Sie „Laffen" gegen ein anderes, sich
reimendes Wort aus. Nun macht die Sache erst
richtig Spaß. Beispiel: Pfaffen...

Stipsens liebstes Buch

Ein Buch las er nie,
dieser alberne Stips,
mal fehlt ihm die Brille,
mal fehlt ihm der Grips.

Ein einziges Buch nur,
gebunden in Pappe,
bewahrte er auf,
gut getarnt als Attrappe.

Ein Buch voller Zahlen,
in Reih' und in Glied,
so wie Stips es am liebsten
in Sparbüchern sieht.

Mit Lyrik und Prosa hat
er nie was am Hut,
nur sein Sparbuch war heilig,
ihm kulturvollstes Gut.

Im Landes des Junkers
die Minister beschlossen:
„Alle Bücher mit Zahlen
sind ab sofort geschlossen."

„Uns gehört all der Zaster!",
riefen die Geistesgestörten.
Junker Stips, nun verarmt,
weint, um was ihm gehörte:

Ein Buch voller Zahlen
in Reih' und in Glied,
so wie Stipsen am liebsten
es in Sparbüchern sieht.

Zusatz:
Das Buch in seiner Funktion als eines der wichtigsten
Kulturgüter der Menschheit wird mehr und mehr per
Finazgesetzgebung zum Eigentum der Staatsbediensteten.

Zuerst in Form des Grundgesetzes, dann in Form des
Gesetzbuches, dann in Form der Sparbücher der Bürger...
Auf ein Neues, Kanzler.

Übrigens:
Der Trend geht zum Zweitbuch.

Pech

Ein ganz bekannter Bauernschlauer
der meinte, dem Gesetz nicht trau' er.
Er nutzt seither desselben Lücken,
um seltner sich vor ihm zu bücken.

Es lebt auch ein Gesetzestreuer.
Die Folgen davon kamen teuer.

Zusatz:
Nicht Arbeit sondern Beschiß muß sich lohnen.
Gesetzestreue dagegen lohnt sich eigentlich nie.

Ohne Worte

Wir lieben uns und schweigen,
längst die Gedanken steigen
ins Ich.

Sie suchen Offenbarung.
Sie kennen aus Erfahrung
nur Sich.

Sie suchen zu ergründen,
wie sie die Deinen finden
durch mich.

Sie lassen meine Lippen
an Deine Brüste stippen:
„Will Dich!".

Du scheinst es zu geniesen,
wohlig Schauer schießen
durch Dich.

Dann liebst, ganz ohne Reue,
heftig und auf's neue
Du mich.

Dann liebe, ohne Reue,
heftig und auf's neue
ich Dich.

Die Zeit verging uns wie im Flug.
Dann hatten wir von uns genug.
Du nicht?

Wie liebten uns und schwiegen.
Wohin die Gedanken auch stiegen:
Ein jeder liebte sich.

Ostern 97

Du warst ziemlich stark:
Stärker als ich.
Du warst verdammt klug:
Klüger als ich.

Du hast gern gelebt,
lieber als ich.
Nun bist Du gegangen,
viel schneller als ich.

Tage voll Trauer.
Dann: Leben neu seh'n.
Das Leben geht weiter.
Es muß weitergeh'n.

Herz und Verstand
- zusammengenommen -
werden uns sichern,
weiterzukommen.

Den Schmerz überwinden,
den Du jenen bereitest,
die Dich liebten,
Dich mochten,
oder die
für Dich kochten,
die Dich brauchten,
oder die
mit Dir rauchten.

Dann an's Werk,
gottverdammt
um die Zukunft
zu sichern!

Hör ich richtig ?
Von oben?
Dein heimliches Kichern ?

Zusatz:
Manchmal müssen wir *das* als eine
gute Lösung bezeichnen, was doch
nur die beste von den allerschlechtesten
denkbaren Lösungen im Leben
eines Menschen ist.

Wind machen

Wer zuverlässig wissen will, woher der Wind weht,
sollte sicherheitshalber selbst welchen machen.

Der Sprung

Er fühlte die Lust und Begier frei im Fall,
leicht durch sanfte Lüfte zu schweben.
Grau das Gewölk, aus Dämpfen ein Ball.
Nichts hindert, nichts zögerte rasendes Ab.
Zielkreuz verfehlt. Allerding äußerst knapp.
Dahinflieht des Gleitfliegers Leben.

Zusatz 1:
Gleitschirm vergessen?

Zusatz 2:
Wählt man den falschen Weg, erreicht man zwar auch ab
und an sein Ziel, die Frage ist aber, in welchem Zustand
man dort ankommt.

Lebensmaxime

Das Weib soll mir wie die Sonne sein,
statt sich in meinem Schatten auszuruhen.

Blondinenwitz

Fragt eine Blondine einen Mann in der S-Bahn:
„Können Sie mir sagen, wie spät es ist?".
Sagt der Mann: „Ja, aber frag mich nicht, ich war
früher auch sehr blond."

Müh' sich

Wenn es im Leben richtig eng wird, dann ist es müßig,
über die Unendlichkeit dieser Welt oder die Größe der
göttlichen Fügung zu philosophieren, denn es hilft nur
tätige Selbsthilfe weiter.

Für Verlage und Verleger

Erst wenn der letzte Autor vergrault ist,
werdet Ihr merken, dass Ihr früher auf Kosten
der Autoren recht gut leben konnten.

Dichterwerkstatt (Refrain-Vorrat)

Das wäre wahrlich große Kunst.
Bei mir wird jeder Vers verhunzt.

Das wäre wahrlich große Kunst.
Bei mir wird jeder Vers verhunzt.

Das wäre wahrlich große Kunst.
Bei mir wird jeder Vers verhunzt.

Non plus ultra. Das Quiz.

Fragen, die die Welt erschüttern, in einem Quiz,
das alles Dagewesene in den Schatten stellt.

Spielregeln:

Jeder wird gewinnen.

1. Es sind eine, mehrere oder auch keine Antworten
   zulässig.

2. In der 1. Spalte hinter der Frage steht eine von
   uns vorgeschlagene Punktzahl für die Antwort.

3. In die 2. Spalte hinter der Frage tragen Sie bitte die
   von Ihnen geschätzte Punktzahl ein, die Ihnen eine
   Antwort auf die jeweilige Frage wert ist.

4. Addieren Sie die Punktzahl zusammen.

5. Die Ermittlung eines Siegers erfolgt durch den
   Vergleich mit dem variablen Bewertungsschema,
   das im Anschluß an das Quiz abgedruckt ist.

Die Fragen und die (un)mögliche(n) Antwort(en)Vorschlag	Ihre Punke
1. Was ist eine Trottellumme?	
a) Troddeln umme Sofadecke	1
b) ein arktischer Alkvogel	2
c) ein alberner Ulkvogel	3
2. Was ist ein arktischer Alkvogel?	
a) ein ständig besoffener Eskimo	1
b) unter anderem eine Trottellumme	2
c) ein eisgekühlter Drink im Iglu	3
3. Was ist eine „Parataxe"?	
a) etwas, was so ähnlich ist, wie ein Taxi	1
b) etwas, was einer Paradentose sehr nahe kommt	2
c) eine Beiordnung	3
4. Was bedeutet „parisyllabisch"?	
a) einen Urlaub so gut wie auf Sylt zu verbringen	1
b) über Paris labern, ohne dort gewesen zu sein	2
c) über Sylvia reden, ohne sie zu kennen	3
d) labisch sein	9

5. Was versteht man unter einem Quiproquo?	
a) ein Quieken im zustimmenden Sinn	1
b) ein Proquo mit Qui	2
c) ein Spiel mit Lust, bei den man Wechsel personifiziert	3

6. Was sind Quisquilien?	
a) riesen Dinger	1
b) mittlere Dinger	2
c) winzige Dinger	3

7. Wie sagt man noch zu „präglazial"?	
a) Du bekommst eine Glatze.	1
b) Du hast schon eine Glatze.	2
c) Du stammst aus der Eiszeit.	3

8. Was ist Puzzolanerde?	
a) Pozzulanerde	1
b) falsch geschriebene Porzelanerde	2
c) Bayrisch: „Putze alleine den Fußboden."	3

9. Was ist eine Pyämie?	
a) beinahe eine Prämie	1
b) kurz vor den Pyrenäen	2
c) die Frau eines Pygmäen	3
d) was anderes	9

10. Was ist eine Protuberanz?	
a) ranzisches Protubo-Öl	1
b) ein Knochenvorsprung	2
c) eine Gasmasse mit bestimmten Eigenschaften	3
11. Was bedeutet „proskribieren"?	
a) etwas vorschreiben	1
b) etwas abschreiben	2
c) etwas ächten	3
12. Was bedeutet „präterpropter"?	
a) etwas	1
b) nichts	2
c) alles	3
13. Was ist eine Präserve?	
a) ein Behältnis für Präservative	1
b) ein Präservativ für Behältnisse	2
c) eine halb vorbereitete Sache	3
14. Was ist „polysyndetisch"?	
a) ein blödes Wort	1
b) eine Aufzählung	2
c) Polysynthetisch auf sächsisch	3

15. Was heißt „Dail Eiream" auf Deutsch?	
a) täglich Ei essen	1
b) täglich Spiegeleier einrahmen	2
c) eilig in den Tag träumen	3
16. Welche Bedeutung hat der Name „Helmut"?	
a) soviel wie Gesundheitsschutz	1
b) soviel wie kämpferische Gesinnung	2
c) soviel wie gesunde Gesinnung	3
17. Was ist ein(e) Hellebarde?	
a) ein blonder Barde	1
b) ein kluger Barde	2
c) ein blonder Bartträger	3
18. Was bedeutet „heterotroph"?	
a) zweigeschlechtlich	1
b) das andere Geschlecht betreffend	2
c) organische Stoffe fressen	3

19. Was bedeutet „intramurös"?	
a) soviel wie „seit 1961 in der DDR gelebt"	1
b) nichtöffentlich	2
c) innerliches Murren aus Wut	3
20. Was ist ein „Introitus"?	
a) Vorspiel	1
b) Gesang	2
c) Nachspiel	3
21. Für welches Buch wurde Michael Postojewski beinahe mit dem Adoof-Grimma-Preis ausgezeichnet?	
a) Postleitzahlenbuch	1
b) Parteibuch	2
c) Stammbuch	3
Summe addiert	
Ihre Punkte gewünscht	
Unser Vorschlag für Sie	50

Bewertung entsprechend Ihrer vergebenen Punkte

Punkte	Bewertung
0 bis 1	Absoluter Ignorant, Politiker, BND-Agent
2 bis 10	Klugscheißer, cognitiver Ignorant, CIA-Agent
11 bis 25	Besserwisser, Schon-erledigt-Typ, Doppelagent
26 bis 50	versteckter Schlaumeier, Genie, Käsefresser
51 bis 75	heimlicher Westimport, Österreicher, Pariser
75 bis 100	Traummanager, schlechter Chef, mieser Typ
101 bis 200	ehemaliger Parteisekretär, Zölibatsmärtyrer
201 bis 300	Typ mit maßloser Selbstüberschätzung
mehr als 300	Verlierer, weil Ossi, katholischer Priester, Idiot, weil Regeln nicht verstanden, kühler Rechner, jemand der weiter zählen kann als bis 3 usw.

Das Schema der Bewertung ist natürlich beliebig austauschbar. Am besten ist: Zutreffendes streichen und den Gewinner aus der doppelten Quersumme seiner Postleitzahl berechnen. Falls das zu kompliziert ist, bilden Sie die einfache Quersumme über die Postleitzahl und berechnen Sie dann aus dem Ergebnis die Quersumme. Die ist fast genau so groß.

Sonett

Ach, Liebes, wenn Du lieben könntest,
ungezwungen, zart und fein,
fielen mir von jenen Spielen,
die Verliebte in sich fühlen,
einige verrückte ein,
die es gelte zu probieren,
wenn's sein muß, auf allen Vieren,
doch Dein Herz ist nicht mehr mein.

Hab' verloren es in Zeiten,
die für mich voll Schmerz und Pein.
Dabei hatten wir geschworen:
zu liebeen uns und treu zu sein.

Selbst bewiesen wir uns Treue.
Seinen Weg ein jeder ging.
Jeder liebt sich und das Neue,
weil er so sehr an sich hing.

Keine klar umriss'nen Ziele
säumen meinen langen Weg.
Einen Fluß zu überqueren,
mangelt es an einem Steg.

Keine Hand war ausgestreckt,
mir den Weg zu Dir zu weisen.
Meine Seele ist verdreckt,
so beginn ich, zu bescheißen.

Zuerst nur mich
und dann auch Dich.

Zusatz:
So nett, dies anzukündigen, war ich noch
nie. Was das wohl bedeuten könnte?

Bleib...

(Ein Schlagertext, der nie getextet wurde.)

Bleib, wenn Du wissen willst,
was Liebe ist.
Bleib, wenn Du Zärtlichkeit
wie ich vermißt.
Bleib, wenn Du ohne Angst
den Sex genießt.
Bleib, hab' ich Dir den Tag
nicht sehr vermiest.
Bleib, wenn Du alles willst,
was Du geträumt'.
Bleib, wenn Du denkst,
Du hättest was versäumt.

Bleib, verdammt oder geh',
mein Geschwätz ist für
Dich doch nur Schnee.
Ist genau so, wie ich das auch seh'.
Du hast Recht, also bleib oder geh'.

Der Sonderquiz

Doktorenwitz mit 4 Buchstaben: *Kohl.*

Machtfrage neu gestellt

Wer die ökonomische Macht hat, hat die politische Macht.
Bloß gut, daß es die Mafia gibt, sonst würden wir am Ende
noch von den Politikern in Bonn oder den
Wirtschaftsbossen regiert.

Ein gar zu trostloser Ausblick in die Zukunft wäre das.

Experiment am Menschen

Ich hielt Sozialismus immer für eine große, liebenswerte Idee, nur hätte man sie nicht an Menschen, sonden an Ratten und Mäusen ausprobieren sollen. Die Verhaltensmuster wären ohnehin dieselben gewesen:

- Die Ratten wären zu Politikern geworden und

- die Mäuse wären ohnehin futsch,

genauso, wie es in diesem Land passiert ist, in dem das Experiment am Menschen - auf rein ökonomischer Basis - auch gescheitert ist.

Steuerpolitik

Die Steuerpolitik der Bundesregierung ist ökonomisch staatszerstörerisch und daher verfassungswidrig. Und auch in Zukunft wird egal sein, wer regiert. Denn es gibt 3 Grundregeln:

1. Selbstversorgung

2. Bessere Selbstversorgung

3. Noch bessere Selbstversorgung durch Abfindung, Aufsichtsrat, Ruhestandsgeld, Übergangsgeld,...

Leider gibt es kein Hinübergangsgeld, sonst wären sie alle schon hinüber... ein Glück für den Rest.

Schiebung

Wer Waren verschiebt, wird verknackt, wenn er erwischt wird, wer Kapital verschiebt, der hat's gepackt, wenn er sich selbst anzeigt wegen Steuerhinterziehung. Eine wahrlich feine Gesellschaft.

Warnung

Wenn in einer Volkswirtschaft sich mehr als 50 Prozent der arbeitsfähigen Bevölkerung ausschließlich mit dem Transfer und der Vermehrung von Kapital befaßt, ohne daß dem eine wertmäßig adäquate Warenproduktion und ein wertmäßig adäquater Warenabsatz, mit einem tatsächlich geschaffenen Mehrwert beigegeben sind (wenn also nur die große Schnautze und der dicke Beschiß regiert), verarmt das Volk. Jeder der dies unterstützt, handelt verfassungswidrig. Die Bundesregierung und die deutsche Wirtschaft handeln in diesem Sinne verfassungswidrig.

Denn der verfassungsgemäße Auftrag der Regierung der Bundesrepublik Deutschland ist es, daß Wohle und den Reichtum des Volkes, nicht Einzelner, zu wahren und zu mehren, nicht für das eigene Wohl und den eigenen Reichtum zu sorgen. Näheres siehe Grundgesetz, ab Artikel 1.

Mal wieder lesen, Bundeskanzler.

Abducken

Manchmal hilft ein kurzes Abducken, um sich wieder in voller Größe aufrichten zu können.

Gewissen

Gegen ein schlechtes Gewissen hilft nur, es beim nächstenmal besser zu machen.

Liebe mal wieder

Liebe ist ein Spiel der Macht der Gefühle,
wenn nicht Geld die Hauptrolle spielt.

Recht

Das Recht ist immer auf der Seite derer,
die es sich in die Gesetzbücher schreiben.

Nachgeben

Nicht jeder, der nachgibt, ist auch der Klügere.
Aber man merkt es erst viele Jahre später.

Ganz natürlich

Ohne den zerstörenden Einfluß des Menschen
wäre die Natur eventuell noch intakt.

Aber: Würde das irgend jemand bemerken?

Abgerechnet wird nicht nur zum Schluß

Wenn Dich Deine Liebe zu mir nur den Verstand kosten
würde, dann kämst Du vergleichsweise billig davon.

Früh verendet

Manche sind als Lebende für mich
schon so tot, als ob sie nie gelebt hätten.

Neue Serie: Die schönsten Urlaubswerbungen

Segeln, bis der Arzt kommt:

Bei uns inclusive !

Selbstverständlich... All inclusive...

Küchen-Spruch

Wer etwas langfristig nicht anbrennen lassen will,
muß es am kochen halten, ohne es zum Siedepunkt
zu bringen. Geduld vorausgesetzt.

Liebstes Mädchen

Besser, es schlagen zwei Brüste um mein Herz,
als daß zwei Herzen in meiner Brust schlügen,
wenn wir zusammen sind.

Höchst

Höchst ungesund ist's, da zu wohnen,
wo die Chemiegiganten thronen.
Es gibt dort manche Explosion,
auch Dioxin. Sirenenton
und was an Feinheiten zum Leben
Du brauchst, sie werden Dir gegeben.

Von der Chemie, der Du verfallen.
von Chlorakne hör' ich Dich lallen.
Du? Einst der Chef des Werkes II
warst bei dem Unfall nicht dabei?
Du holtest Deine Krankheit Dir
beim Reinigen von zwei bis vier?

Im Haushalt? - Gott - in Deiner Küche? -
Vernahmst Du seltsame Gerüche?
Warum, wo Du doch Chemiker,
Du dummer Akademiker,
benutztest Du das Holzschutzmittel
für's Brett vor Deinem Kopf
und kämpfst nun gegen Kropf?
Dein Anteil war ein Drittel?

Ein Drittel vomGewinn.
Jedoch: Nu' bist Du hin.
Es hat schon seinen Sinn.

(Gäbe sonst zuviele alte gewissenlose
Chemiker und Holzschutzmittelgutachter,
übrigens ein Beruf mit Zukunft,
bis zur eigenen Vergiftung...)

Taschenrechner-Witz

Warum gibt es keinen speziellen Taschenrechner für
Politiker? Weil die keinen brauchen, die stopfen sich die
Taschen auch ohne zu rechnen voll.
Ausserdem siehe weiter vorn: "Taschenrechner".

Gedanken eines europäischen Parlamentariers

(Oder: Ein Lied über Kamerun)

Wie schnell verstreicht die Zeit...
Wie leicht ist's, nicht's zu tun...!
Gibt's dafür richtig gutes Geld,
erst dann, dann Kamerun.

Zusatz:
Parlamentariergedanken sind selten und deshalb
besonders wertvoll. Wir sollten sie dankend zur
Kenntnis nehmen, auch wenn der Parlamentarier
nun in Kamerun Urlaub macht. Denn es war der
erste und einzige Gedanke an diesem Tag.

Hängen und hängen lassen

Denjenigen, der mich hängenläßt, den hänge ich
höchstpersönlich, zumindest moralisch.
Er wird es sehr spät, zu spät, erst merken.

Zusatz:
Ein hohes Maß an Ignoranz
verhilft zum schönsten Totentanz.

Sonstige Sprüche

Lieber gut gefahren als dumm gelaufen.

Und also sprach der Herr, ...

der weiterhin über seine Pfründe der Kirchensteuer und der Steuerflucht verfügen wollte, und also wählet den Blödesten unter Euch zu Eurem Oberhaupte, auf daß Er das Land regiere, doch wählet nicht alle so. Nur die Blödesten der Blöden sollen Jenen wählen, der fürderhin dieses Land mit Seinen erwartunggemäß blühenden Landschaften regieren solle.

Und die Blödesten der Blöden wählten einen Historiker, der zu Zeiten seiner Wahl noch keinerlei Erfolge mit der Aufarbeitung der Geschichte Seiner eigenen Blödheit hatte, zu ihrem Oberblöden. Und der wollte wieder regieren.

So blöd kann nur Einer sein. Das ist der Beweis Seiner Blödheit.

Zusatz:

Wer iss'n das?

Der Dümmste ist so dumm gewiß,
daß er nicht weis, wie dumm er ist.

Wie die Zeit vergeht

Immer, wenn ich Dich wiedersehe, ist jenes unbeschreibliche Kribbeln in den Fingerspitzen wieder da, fast so, wie früher. Allerdings sind heute nicht mehr die früheren Begehrlichkeiten nach zärtlichen Berührungen, schon gar nicht die geile Gier nach Sex, die Ursachen dafür, sondern die Arthrose in den Ellenbogen.

Schwarzer Montag

Manchmal mache ich den Fernseher nur an,
um ein paar von den noch Lebendigen über
alle möglichen Toten reden zu hören.

Ich liebe Dich am Morgen,

ich lieb' Dich in der Nacht,
ich mach' mir um Dich Sorgen,
bin davon aufgewacht,
nun höre ich Dein Schnarchen
und schlaf gleich wieder ein.
das war's, was mich geweckt hat?
auch mir fällt nicht's mehr ein...

Zusatz:
Bisweilen hindert uns fehlende Zuneigung daran,
ein dichterisches Meisterwerk tatsächlich zu vollenden...
Wie hat Goethe das eigentlich gemacht?

1. Europäischer Spruch

Wer in Europa die Grenzen für die Durchsetzung der
ökonomischen und Machtinteressen eines kleinen Teil der
Besitzenden seines Volkes öffnet, ohne alle Vorkehrungen
getroffen zu haben, dem Verbrechen nicht gleichermaßen
jegliche Grenzen zu öffnen, der ist ein Verbrecher am
ehrlichen, nichts besitzenden Teil seines Volkes allemal.
Gott zum ...

Wo ist das Problem?

(Problem-Blues)

Hast Du irgendwann Probleme,
dann leg Dich neben mich,
kann sein ich hab' dieselben,
kann sein, ich liebe Dich.

Bist Du mal down und out,
dann leg Dich neben mich,
kann sein, mir geht's genau so,
kann sein ich liebe Dich.

Laß uns die Nähe finden
zu uns, zu Dir, zu mir,
was wir gemeinsam fühlen
bestimmt, ob „Ich", ob „Wir".

Ist Blues in Deiner Seele,
dann leg Dich neben mich,
kann sein mir geht's genau so,
kann sein ich liebe Dich.

Hilf' Ängste überwinden
und leg Dich neben mich,
kann sein, Du hast dieselbe Angst,
kann sein ich liebe Dich.

Bist Du mit Dir im Reinen,
dann leg Dich neben mich.
In mir ist Blues vom feinen,
kann sein Du liebst mich nicht.

Ich fühl' mich down und out,
hab' ich mit Dir Probleme,
hab' allzusehr auf Dich gebaut,
kann sein, daß ich mich schäme.

Hab' meine Worte nicht bedacht,
voll Bosheit, stur und fies.
Ich spür', mir fehlt vor allem
ein verlorenes Paradies.

Kann sein, daß ich Dich liebe,
Kann sein, daß ich Dich brauch',
kann sein, Du liebst die Freiheit,
kann sein, ich lieb' sie auch.

Wahlverbrecher

Wer zum 4. Mal Kohl wählt,
ist mindestens seit 12 Jahren Vollidiot.

Zusatz:
Bestätigung erfolgt von Dezember 1999 bis Juli 2000.

Strohdumm

Das einzige Stroh, das weiter wuchert,
als sei es eine optimal gedüngte Pflanze,
ohne pflanzlichen Ursprungs zu sein, ist das,
im Kopf von EU-Politikern und EU-Parlamentariern.

Blues ohne Dich

Ich fühl mich leer und einsam,
ich fühl mich ausgebrannt,
ich seh' noch nicht mal Schatten
an einer weisen Wand.

Ich fühle meinen Kopf nicht mehr,
Gedanken bleiben aus.

Es wäre sicher besser,
ich ging' mal aus dem Haus,
doch frag: „Wohin?" ich,
und merk' bald spinn' ich,
so ohne Dich,
  so ohne Dich,
    so ohne Dich.

Ich hab mit Dir gesprochen,
ich habe Dir gesagt:
Ich mag' all Deine Knochen,
wie'n Hund, der'n Knochen nagt.

Ich fühle meinen Kopf nicht mehr,
Gedanken bleiben aus.

Es wäre sicher besser,
ich ging' mal aus dem Haus,
doch frag: „Wohin?" ich,
und merk' bald spinn' ich,
so ohne Dich,
  so ohne Dich,
    so ohne Dich.

Ich hab' mit Dir die Nacht verbracht,
um Stärke zu beweisen.
Doch kurz gesagt, beschissen ist,
sich um Dich zu bescheißen.

Ich fühle meinen Kopf nicht mehr,
Gedanken bleiben aus.

Es wäre sicher besser,
ich ging mal aus dem Haus,
doch frag' „Wohin?" ich,
und merk' bald spinn' ich,
so ohne Dich,
     so ohne Dich,
          so ohne Dich.

Mein Blues ist voller Trauer.
Hab' ich Dich schon verloren?
Ich bin auf mich so sauer,
ich hatte Liebe Dir geschworen.

Ich fühle meinen Kopf nicht mehr,
Gedanken bleiben aus.
Es wäre sicher besser,
ich ging mal aus dem Haus,
doch frag' „Wohin?" ich,
und merk' bald spinn' ich,
so ohne Dich,
     so ohne Dich,
          so ohne Dich.

Vielleicht war's nicht die letzte Nacht,
die's galt zu übersteh'n.
Kann sein, ich schaff' es irgendwann,
Dein Problem ganz klar zu seh'n.

Ich fühle meinen Kopf nicht mehr,
Gedanken bleiben aus.

Es wäre sicher besser,
ich ging mal aus dem Haus,
doch frag' „Wohin?" ich,
und merk' bald spinn' ich,
so ohne Dich,

        so ohne Dich,
                so ohne Dich.

Dann bin ich rausgegangen,
heraus aus meinem Haus,
Ich hab' gedacht, ich treff Dich,
doch Du kam'st nicht aus Dir raus.

Ich fühle meinen Kopf nicht mehr,
Gedanken bleiben aus.

Es wäre sicher besser,
ich ging noch mal aus dem Haus,
doch frag' „Wohin?" ich,
und merk' bald spinn' ich,
so ohne Dich,
        so ohne Dich,
                so ohne Dich.

Letzter Blondinenspruch

Blondinen in die Politik,
Blondinen auf in die Parteien,
so blöd wie die seid ihr allemal.
Nur: Euch wird man's verzeihen.

Wahre Armut

Wenn ein guter Freund geht,
dann ist die Welt anders.
     Ärmer.
          Ärmer um eine Freundschaft
            und einen guten Freund.

Im Märzen der Bauer...

Im Märzen der Bauer auf der Bäu'rin entspannt.
Im Sommer der Bauer sein Feld nicht mehr fand'.
Den Herbst, statt zu ernten, verbringt er in Kärnten
Im Winter, was glaubst Du, bezahlt ihn die EU.

Zusatz:
Wer Subventionen sät, wird Unkraut ernten.

BSE

Grober Unfug ist es, einen Politiker als Rindvieh
zu bezeichnen, nur weil man an seinem Verhalten
meint, BSE erkennen zu können.

Hallo Liebling

Es ist nicht alles Trübsal, was man blasen kann.

Luft in Kadmandu

Du kamst mit Deinem Manta
von vorn links auf mich zu.
Zum Glück jedoch verschwanda.
Ich sah noch: Drin sitzt Du.
Ich denke noch: „Wat stank da?",
halt mir die Nase zu.
Dann schimpf' ich: "Oh, Du Kranka,
kauf' Dir 'nen Katmandu."

Geilheit

Es ist nicht immer Geilheit oder Elektrizität,
die in unser'n Fingerspitzen kribbelt, manchmal
ist es auch nur eine Arthrose im Ellenbogen,
oder ein Bandscheibenschaden.

Zusatz:
Achte darauf, das Du nicht nur eine intakte
Wirbelsäule hast, sondern auch Rückgrad.

Nicht nur rethorische Frage

Was nützt mir ein Mensch, der nicht mein Freund ist?
Und: Was nützt mir ein Freund, der kein Mensch ist?

Beamten-Unfug

Grober Unfug wäre es, im Zimmer eines Beamten
einen Bewegungsmelder für dessen Sicherheit
anzubringen, es sei denn, man will das Aufschlagen
des Kopfes auf die Schreibtischplatte beim Einschlafen
dem Schmiergeldgeber auch akustisch signalisieren.

Weggelassenes Lied der 1. Autofahrerin

(in der Fussgängerzone)

Sag' nichts

Sag' nichts, leg Dich nur neben mich.
Nicht von vergangnen Zeiten sprich,
Lieg' still, ich wärme Dich.
Sag' nicht: Ich liebe Dich.
Es wär ein großes Wort zuviel.
Zuwenig für ein Ziel.

Ich spür Dein Herz, das ängstlich
Dir bis zum Halse schlägt.
Fühl meine tiefe Zärtlichkeit,
die keine Angst verträgt.

Sag nichts, wenn meine Lippen
Dein Wesen eingeprägt,
Fühl Deine tiefe Zärtlichkeit,
die keine Angst erträgt.

Doch schrei, wenn Deine Lust,
Dich in die Wolken trägt.
Schrei einer tiefen Zärtlichkeit,
die keine Angst erträgt.

Sagst nichts.
Liegst ruhig neben mir.
Ich sag' auch nichts zu Dir.
Liegst still,
komm wärme mich,
sag' nicht: Ich lieb' nur Dich.
Es wär ein großes Wort zuviel.
Zuwenig für ein Ziel.

Parkinson oder Alzheimer

Scheissegal ob Du nicht weisst,
wo Du Dein Bier hingestellt hast,
oder ob Du es verschüttest.

Zusatz:
Irgendwo gehört.

Na, aber nu'.

Abspann

Selbst schlechte Gedichte verfassen,
macht einen Haufen Arbeit.

Inhaltsverzeichnis

Inhaltsverzeichnis

Inhaltsverzeichnis

Alle Namen in diesem Buch sind frei erfunden, zufällige Ähnlichkeiten mit lebenden Personen oder Historikern wären direkt und völlig unbeabsichtigt.

Im Rahmen dieser Reihe sind außerdem erschienen:

Thomas Stys

**Seitenhiebe,
Nebentriebe,
Blödeleien und
etwas Liebe**

aus der Reihe
Aphorismen, Afforeien
Blöde Lieder, Blöde Laien

Band I

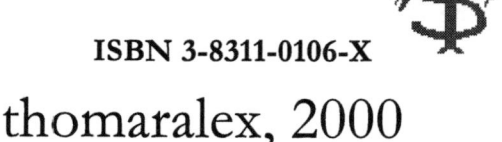

ISBN 3-8311-0106-X

thomaralex, 2000

Wir sind keine Kellner: Wir freuen uns auf Ihre Bestellung

Thomas Stys
Die
vergessene
Mission

Der nicht ganz abgeschlossene Science
Friction Roman aus der Reihe
Aphorismen, Afforeien,
Blöde Lieder, Blöde Laien
Band III

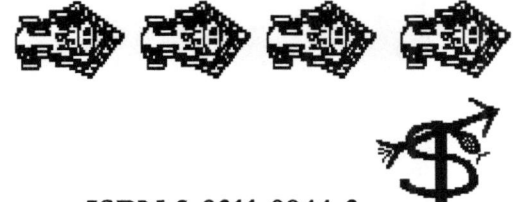

ISBN 3-8311-0944-3

thomaralex, 2000

Wir freuen uns auf Ihre Bestellung.

Zweites weggelassenes Lied

...der zweiten Autofahrerin in der Fussgängerzone...

Danksagung

Im Ganzen handelt es sich um eine Gemeinschaftsproduktion der "Stips'chen Stiftung" (STIP-STI) mit dem ehemaligen "Institut für die Erforschung der modernen Idiotie und der idiotischen Moderne" (IF-DED-MIUDIM), das jetzt als Institut der freien Wirtschaft firmiert und unter dem Namen "Institut für Paraidiotische Phänomene" (If-PiP) seinen Dienst tut.

Hinweis: Das Institut für Paraidiotische Phänomene ist ein Buntesinstitut. Es befaßt sich insbesondere mit der Erforschung der Paragraphenomenalen Idiotie. Es ist leider telefonisch nicht zu erreichen, da seine Mitarbeiter ständig im Bundestag, im Bundesrat, in den Parteigremien und in den sonstigen Verwaltungen der Re-Pup-Blick mit ihren Forschungen beschäftigt sind.

Über paraidiotische Phänomene und phänomenale Paraidiotie berichtet vielleicht der Band IV, der voraussichtlich mit dem Titel "Gönn Dir ein Lachen, wenn Du vor dem Spiegel stehst" erscheien wird, wenn alles wie geplant laüft.

Sachlich, kritisch, optimistisch wie immer...

Falls der Faximile-Abdruck des Briefes des Eulenspiegel-Verlages zum ersten Band "Seitenhiebe, Nebentriebe, Blödelein und etwas Liebe...", abgedruckt in dem Ihnen vorliegenden Band III "Mein Leben im Fettnapf" ist, eventuell doch nicht lesbar ist, hier im Volltext die Kritik zum Band I aus der Reihe "Aphorismen, Afforeien, Blöde Lieder, Blöde Laien...", der in einer 1. und 2. Auflage einem auserwählten Leserkreis zur Verfügung gestellt wurde und in seiner 3. Auflage vom Buchhandel bezogen werden kann, z.B. über des Verzeichnis lieferbarer Bücher.

Hier der Wortlaut.

Sehr geehrter Herr ...,

haben Sie Dank für Ihr Manuskript. Ich habe die Texte gern und durchaus mit Vergnügen gelesen. Leider aber muß ich Ihnen, was eine Veröffentlichung in unserem Programm betrifft, einen abschlägigen Bescheid geben. Der resultiert sowohl aus einer kritischen, wenn auch nicht pauschal ablehnenden Sicht auf Ihre Texte, als auch aus unserer schwierigen wirtschaftlichen Situation, die uns nicht gestattet, experimentierfreudig zu sein und "neue" Namen mit entsprechend nötigem Werbeaufwand auf dem Buchmarkt zu plazieren.

Ich sehe in Ihren Texten ein wirklich witziges Talent, schöne, spaßige Einfälle, ein mir angenehmes "Querdenken" und die Fähigkeit zu pointierten Formulierungen. Ich halte nicht alles für gleichermaßen gelungen: In den Prosatexten erscheint mir einiges zu schwerfällig, manches Gedicht verträgt für mein Empfinden mehr formalen Schliff, vermutlich käme überhaupt mehr sprachliche und gedankliche Disziplin den Texten zugute. Ich bedaure, Ihnen keine andere Nachricht geben zu können.

... (Unterschrift)

Wo soll's denn herkomm' beim Sachsen, hä?

Nun, vielleicht wäre der Verlag noch zu retten gewesen, aber wir sollten am Ende nicht darüber spekulieren, was wäre wenn, höchsten darüber: "Wäre was, wenn...?".